ADAC Reiseführer

W0310039

Tirol

von Georg Weindl

10 ADAC Top Tipps

Das müssen Sie gesehen haben! Die zehn Top Tipps bringen Sie zu den absoluten Highlights.

25 ADAC Empfehlungen

Unterwegs gut beraten: Diese 25 ausgesuchten Empfehlungen machen Ihren Urlaub perfekt.

Preise für ein DZ mit Frühstück:
€ | bis 100 €
€€ | bis 150 €
€€€ | ab 150 €

Preise für ein Hauptgericht:
€ | bis 10 €
€€ | bis 15 €
€€€ | ab 15 €

Intro

ADAC Quickfinder

Hier finden Sie die Orte, Sehenswürdigkeiten und Attraktionen, die perfekt zu Ihnen passen.

Unterwegs

25

1

Service

Alle wichtigen reisepraktischen Informationen – von der Anreise über Notrufnummern bis hin zu den Zollbestimmungen.

Zu diesen Orten und Sehenswürdigkeiten finden Sie Detailkarten im Innenteil des Reiseführers.

Umschlag:

1 **ADAC Top Tipps:** Vordere Umschlagklappe, innen 1

1 **ADAC Empfehlungen:** Hintere Umschlagklappe, innen 2

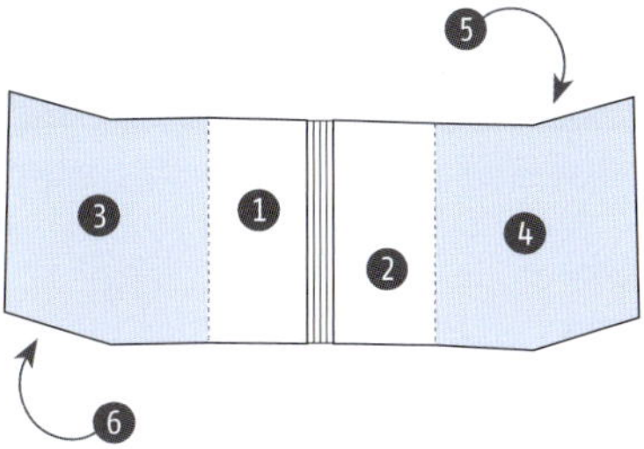

Übersichtskarte Tirol West: Vordere Umschlagklappe, innen 3

Übersichtskarte Tirol Ost: Hintere Umschlagklappe, innen 4

Stadtplan Innsbruck: Hintere Umschlagklappe, außen 5

Ein Tag in Innsbruck: Vordere Umschlagklappe, außen 6

Tirol – beeindruckende Berge und große Gefühle

Die beliebte Urlaubsregion begeistert mit einer majestätischen Bergwelt, gelebtem Brauchtum und Hüttenzauber in urigen Almstuben

Bergfexe können in Tirol jeden Tag neue Gipfelsiege feiern

Es ist noch gar nicht so lange her, da hatten die Menschen große Ehrfurcht, häufig sogar Angst vor den Bergen. Das hat sich grundlegend geändert. Heute zieht es immer mehr Urlauber in die alpinen Regionen, wo sie Erholung in unberührter Natur oder sportliche Herausforderungen suchen. Kein anderes österreichisches Bundesland steht so sehr für Berge, ist so sehr von ihnen geprägt wie Tirol. Egal von welcher Seite man nach Tirol einreist, ob von Westen über den Arlberg, von Norden über das Inntal bei Kufstein, von Osten über das Salzburger Land oder von Süden über den Brenner, man wird stets von hohen Gipfeln und einer eindrucksvollen Kulisse empfangen. Das prägt auch die Mentalität und den Lebensstil der Menschen. Dass die Tiroler im Sommer gerne die Berge hinauflaufen und -radeln, im Winter mit Skiern unterwegs sind, ist ein gängiges Klischee. Und es stimmt. Zu den beliebtesten und meistbesuchten Events gehören Sportveranstaltungen wie das Hahnenkammrennen in Kitzbühel oder der Karwendelmarsch. Diese Leidenschaft für Berge und Bergsport teilen die Tiroler mit ihren Gästen. Und das sind

nicht wenige. Über 47 Mio. Übernachtungen verzeichnete die Region 2016. Das ist ziemlich genau ein Drittel aller Übernachtungen in Österreich und unterstreicht die touristische Bedeutung des Bundeslands.

Heimatstolz und Weltoffenheit

Ihr schönes Land beschert den Tirolern einen beträchtlichen Wohlstand. Klar, dass sie auch stolz darauf sind. In der inoffiziellen Landeshymne heißt es entsprechend im Refrain: »Du bist das Land, dem ich die Treue halte, weil du so schön bist, mein Tiroler Land!« Den Status einer Tiroler Landeshymne sagt man auch dem Andreas-Hofer-Lied nach. Womit wir bei einem anderen Tiroler Phänomen angekommen wären: Kein anderes österreichisches Bundesland identifiziert sich so sehr mit einer historischen Persönlichkeit wie Tirol mit Andreas Hofer, dem Freiheitskämpfer, der im heutigen Südtiroler Passeiertal zu Hause war. Hofer ist in Tirol allgegenwärtig als Nationalheld, Werbefigur und als Symbol einer ro-

Ob Genusswandern über sanfte Almen oder Mountainbiken: sportlichem Tatendrang sind keine Grenzen gesetzt

Deftige Kost mit Bergblick: Die Einkehr in einer urigen Hütte mit Aussichtsterrasse ist nicht nur für Kinder das Highlight jeder Wanderung

busten Eigenständigkeit, die Teil der Tiroler Mentalität ist. Dieses Unabhängigkeitsstreben war eine geschichtliche Notwendigkeit, denn Tirol hatte von jeher auch viele Besucher, die nicht in freundlicher Absicht kamen und gegen die man Freiheit und nationale Identität verteidigen musste. Heimatverbundenheit ist die eine, Weltoffenheit die andere Seite der Medaille: Tirol war stets Transit-, später auch Auswanderungsland. Durchreisende und Heimatrückkehrer brachten neue Ideen und Gewohnheiten mit. Schon sehr früh setzte der Tourismus ein. In der Folge steht man Fremden heute aufgeschlossen gegenüber.

Wechselnde Bilder von Tal zu Tal

Wer sich etwas näher mit Tirol befasst, der entdeckt bald markante Unterschiede zwischen den Regionen. Nicht nur die Dialekte variieren von Tal zu Tal, auch das Brauchtum, das mit Trachten- und Schützenvereinen, Musikkapellen und Volksfesten hingebungsvoll gepflegt wird. Der Tiroler unterscheidet seine Heimat in das Oberland westlich von Innsbruck und das Unterland am unteren Bereich des Inns bis zur Grenze bei Kufstein. Zwischen beiden gibt es traditionell dezente Animositäten, für die Redewendungen stehen wie der Spruch, dass ein Begräbnis im Unterland lustiger sei als eine Hochzeit im Oberland. Dahinter steht das Vorurteil, dass der Unterländler offener und kontaktfreudiger sei als die Nachbarn innaufwärts.

Abwechslungsreich ist auch die Landschaft, deren alpiner Charakter auf Schritt und Tritt wechselt. Hinter jeder Kurve warten neue, interessante Bilder und Sehenswürdigkeiten, jedes Seitental liefert andere Eindrücke und zuweilen überraschende Attraktionen. Wer auf der stark befahrenen Brennerautobahn von Innsbruck südwärts unterwegs ist, kann sich kaum vorstellen, dass wenige Kilometer entfernt im Gschnitztal ein bezauberndes Idyll zu finden ist. Und das lebendige Ötztal bereitet nicht darauf vor, dass man wenige Kilometer oberhalb von Umhausen in Niederthai eine ganz andere, entspannte und authentische Atmosphäre vorfindet.

Große Vielfalt auf kleinem Raum

Tirol ist erstaunlich vielseitig. Es gibt Touristenmagneten mit hoch entwickelter Infrastruktur wie das Ötztal, das Zillertal und Kitzbühel. Es gibt aber auch noch ursprüngliche Täler, die von einer archaischen Bergbauernkultur geprägt sind und Ruhe ausstrahlen wie das Villgratental in Osttirol oder die Wildschönau im Unterland. Und es gibt Innsbruck, die Hauptstadt, die wie wenige Metropolen urbanen Lifestyle mit Naturerlebnissen verknüpft. Hier

Die Metropole Innsbruck steuert zum Tirol-Bild urbane Facetten bei

kann man vormittags mit der Straßenbahn direkt vom Zentrum in die Berge fahren und nachmittags in einem der

» *Gehen, sich bewegen, auf einen Berg steigen und wieder absteigen – das ist eine Parallele zum Leben.* «

Peter Habeler, Alpinist aus Mayrhofen im Zillertal, geb. 1942

hochkarätigen Museen eine Ausstellung besuchen, shoppen und in trendigen Cafés einen Latte trinken. Einen ganz eigenständigen Charakter hat Osttirol, das keine direkte geografische Verbindung zum Rest Tirols hat. Zu Nordtirol, müsste man genau genommen sagen, um es von Südtirol zu unterscheiden, das seit dem Ende des Ersten Weltkriegs zu Italien gehört. Lange Zeit galt Osttirol als etwas verschlafen und rückständig, hat sich aber gerade deshalb viel Ursprünglichkeit bewahrt und ist heute ein Geheimtipp für Bergfans. Besonders große Zugkraft entfaltet der Nationalpark Hohe Tauern, der mit den imposantesten Wasserfällen und den größten Gletscherflächen der Ostalpen Naturerlebnisse der Superlative bietet.

Jeder findet, was er sucht

Das Geschäft mit dem Tourismus haben die Tiroler sehr gut kultiviert. Da und dort vielleicht zu gut, mag mancher angesichts der Wochenendstaus auf der Inntalautobahn oder auf der Zillertaler Bundesstraße denken. Tirol hat eine exzellente Hotellerie, darunter attraktive Wellnesshotels, Häuser, die

Gelebtes Brauchtum: Bei Volksfesten werden auch die schönen Trachten präsentiert

sich auf Aktivurlauber spezialisiert haben, und die neuerdings sehr populären Hütten-Hotels. Man kann rustikale Almhütten mieten und die Einsamkeit am Berg genießen oder in Kitzbühel High-Society-Luft schnuppern. Ein gut beschildertes und gewartetes Wegenetz ermöglicht Wanderungen und Radtouren aller Schwierigkeitsgrade, moderne Seilbahnen machen auch hochalpine Regionen zugänglich. Daneben gibt es zahllose weitere Möglichkeiten, sich sportlich zu betätigen, auch Adrenalinjunkies kommen nicht zu kurz. Nach einem langen Tag an der frischen Luft sorgen urige Wirtshäuser mit lokalen Spezialitäten für Stärkung. Und nicht zuletzt ist es die herzliche und unkomplizierte Art der Einheimischen, die einen Urlaub in Tirol zum Erlebnis werden lässt.

Landeshauptstadt Innsbruck

Währung Euro

Fläche 12 648 km² (etwas kleiner als Schleswig-Holstein)

Einwohner 746 000

Höchster Berg Großglockner (3798 m)

Längster Fluss Inn (518 km, in Tirol 212 km)

Höchstgelegene Hütte Erzherzog-Johann-Hütte (3454 m)

Tourismus 2017 verzeichnete Tirol 11,7 Mio. Besucher.

Gelebtes Sprichwort
»Bergsteigen ist mehr als Sport. Es ist eine Leidenschaft.« (Hermann Buhl)

Tiroler Erfindungen Näh- und Schreibmaschine, Sterilisationsapparat, Raketenmotor, Malzkaffee

Exportschlager Holz

Darin sind die Tiroler Weltmeister Im Bau von Verbindungswegen über und durch die Berge, von Passstraßen über Tunnel bis zu Skischaukeln.

Berühmte Tiroler Ötzi, Friedrich III., Alfons Walde, Toni Sailer, Hansi Hinterseer, Tobias Moretti

Nationalheld Andreas Hofer

Das will ich erleben

Nur ein Achtel der Fläche Tirols ist dauerhaft besiedelt. Der Rest ist Natur pur mit hohen Gipfeln, weiten Almwiesen und dichten Wäldern, temperamentvollen Alpenflüssen und stillen Bergseen – eine Fülle von Möglichkeiten für erlebnisreiche Ausflüge. Was Tirol ausmacht, das sind aber auch seine urtümlichen Dörfer und seine Städte voller Geschichte und Kultur. Spannung entsteht im Wechselspiel z. B. zwischen der lebendigen Metropole Innsbruck und der Stille des angrenzenden Karwendels oder zwischen der quirligen Extravaganz Kitzbühels und der ruhigen Bodenständigkeit des nahen Pillerseetals.

Gipfelglück

Tirol ist das Land der Berge. Hier ragen die höchsten Gipfel Österreichs in den Himmel, die Wildspitze in den Ötztaler Alpen und der Großglockner an der Grenze zu Kärnten. Wer Bergschuhe und Seilbahn kombiniert, gelangt auch ganz bequem in luftige Höhen.

Erlebbare Geschichte

Schon in der Steinzeit lebten Menschen auf dem Gebiet des heutigen Tirol, auch die Römer hinterließen ihre Spuren. Bedeutende Kapitel in der Landesgeschichte waren die Blütezeit des Silberbergbaus im 15. und 16. Jh. sowie die Ära der Bauernaufstände und Freiheitskämpfe.

Wasserwelten von idyllisch bis wild

Wie leuchtende Smaragde schimmern in Tirol zahlreiche Bergseen vor der Kulisse schroffer Gipfel und tiefgrüner Wälder. Wasserfälle zerstäuben zu Schleiern, Wildbäche bahnen sich ihren Weg durch tief eingeschnittene Schluchten. Ein Kapitel für sich ist der Lech, der letzte Wildfluss im nördlichen Alpenraum.

Sportevents zum Mitmachen und Zuschauen

Tirol ist Austragungsort von zahlreichen Sportevents auf internationalem Spitzenniveau – das Spektrum reicht von mondän bis extrem. Bei einigen Veranstaltungen können auch ambitionierte Hobbysportler laufend oder radelnd ihre Grenzen erproben.

Abenteuer mit Kindern

Berge und Seen, Schluchten und Flüsse – dem Tatendrang kleiner Entdecker sind in Tirols herrlicher Natur keine Grenzen gesetzt. Wer Abwechslung sucht, erkundet Tiergärten, tobt sich in Freizeitparks am Berg aus oder saust auf einer Sommerrodelbahn talabwärts.

Kulinarische Höhenflüge

Das Einkehren am Berg war bislang eine eher rustikale Angelegenheit. Nun haben aber auch in Hütten und Alpengasthöfen moderner Lifestyle und der Trend zum Genießen Einzug gehalten – schöne Aussichten gleich in doppelter Hinsicht.

Mitbringsel mit Mehrwert

Regionale und handgefertigte Erzeugnisse waren in Tirol schon immer gefragt und sehr präsent. Feine Brände, hochwertige Walkwaren und edle Gläser bereiten nicht nur zu Hause noch lange Freude, durch ihren Kauf stärkt man auch die heimische Wirtschaft.

Hüttenromantik

Die Krönung jeder Wanderung ist nicht nur für Kinder die Einkehr in eine Berghütte. Authentisch sollte sie sein, schön liegen und nach Möglichkeit eine große Sonnenterrasse besitzen. Umso besser, wenn dann auch noch gefällt, was auf der Karte steht.

Alpen-Avantgarde – Neues Bauen in den Bergen

Von wegen nur Jodelstil – die Tiroler können auch modern. Eine junge Architektengeneration experimentiert mit neuen Formen, ohne dabei den Bezug zur Landschaft und den heimischen Bautraditionen zu verlieren.

Wanderklassiker

Ganz Tirol ist ein Wandergebiet. Jedes Tal, jedes Dorf bietet wanderbare Vielfalt vom gemütlichen Spaziergang bis zur hochalpinen Tour. Unter den Touren gibt es Klassiker, die ihre ganz speziellen Qualitäten haben und die man einmal erlaufen haben sollte.

Ungewöhnliche Begegnungen

Wandern und Bergsteigen im Sommer, Skifahren im Winter – so sieht das Hauptprogramm vieler Urlauber aus. Zu entdecken gibt es aber noch viel mehr und darunter auch Überraschendes. Denn die Tiroler sind kreativ und nicht selten unkonventionell.

Unterwegs

Frischekick an einem heißen Sommertag: Zwar mag das Baden in alpinen Gewässern wie dem Achensee nur etwas für Hartgesottene sein, doch schon der bloße Anblick weckt die Lebensgeister

Innsbruck und Umgebung

Im Herzen Tirols verbinden sich die Vorzüge alpiner Bergnatur mit urbanem Lifestyle

Innsbruck ist das Zentrum, das Herz, die Metropole Tirols. An Innsbruck kommt man kaum vorbei. Man streift es auf dem Weg in den Süden, hat auf dem Rückweg einen herrlichen Blick von der Brennerautobahn vorbei an der Bergisel-Schanze auf die Stadt und die sie einrahmende Nordkette. Dass sich Innsbruck über die Jahrhunderte prächtig entwickelte, liegt vor allem auch am Landesfürsten Ferdinand II., der bereits im 16. Jh. viel in die Kunst investierte. Heute kennzeichnet Innsbruck eine gelungene Mischung aus Historie, Tiroler Tradition und modernem Lifestyle. Fast unübertroffen ist der Freizeitwert der Stadt, die umgeben ist von Bergen und bekannten Skigebieten.

Dazu gibt es Nachbarorte wie Hall oder Seefeld, die touristisch auch viel zu bieten haben, und die nahen Täler im Stubai oder Sellrain, die vor allem Bergfans und Freizeitsportler anziehen. Abseits der Brennerautobahn entfaltet das Wipptal unerwartete Reize.

In diesem Kapitel:

ADAC Top Tipps:

1 Hofkirche in Innsbruck
| Grabkirche |
Künstler wie Albrecht Dürer und Peter Vischer d. Ä. gestalteten das Grabmal für Kaiser Maximilian I., das zu den Meilensteinen der europäischen Kunstgeschichte zählt. 21

2 Bergisel-Schanze
| Aussichtspunkt |
Bekannt wurde die Schanze am Südrand von Innsbruck als Austragungsort großer Sportevents. Sie ist aber auch ein toller Aussichtsplatz, umgeben von viel Tiroler Geschichte. 25

3 Schloss Ambras
| Kunst- und Wunderkammer |
Das prachtvolle Renaissanceschloss oberhalb von Innsbruck beherbergt das älteste Museum der Welt mit Kunst und Kuriositäten, wertvollen Gläsern, Rüstungen und Waffen. 26

4 Swarovski Kristallwelten

| Indoor-Themenpark |

Ein grüner Riese bewacht den Eingang zur glitzernden Erlebniswelt des Kristallherstellers Swarovski mit unterirdischen Wunderkammern und einem faszinierenden Garten. 30

ADAC Empfehlungen:

1 Hungerburgbahn

| Bergbahn |

Futuristische Architektur, ein umwerfender Panoramablick auf Innsbruck und Wandermöglichkeiten für jedes Zeitfenster. 24

2 Gasthof Planötzenhof

| Berggasthof |

Traditionsreiche Ausflugsgaststätte über den Dächern von Innsbruck mit fantastischem Ausblick – hier oben beginnt das Karwendel. 27

3 Alpenzoo Innsbruck

| Wildpark |

In der Bergwelt heimische, selten gewordene Tiere wie Bartgeier und Braunbär haben in dem Zoo am Fuß der Nordkette einen sicheren Unterschlupf gefunden. 27

4 Gschnitztal

| Tal |

Die Almen des noch recht ursprünglich gebliebenen Tals gelten als die blumenreichsten Tirols. Eine Besonderheit ist das Mühlendorf am Talende beim Sandeswasserfall 31

5 Leutaschklamm

| Wildbachschlucht |

In der wildromantischen Schlucht führen unterschiedlich lange Steige an steil aufragenden Felsen entlang zu einem 23 m hohen Wasserfall und zu einer Panoramabrücke. 34

1 Innsbruck

Tirols Hauptstadt mit viel Kultur und alpinen Freizeitangeboten

Innsbrucks Altstadt – zwischen Barock und Bergkulisse

Information

- Innsbruck Tourismus, Burggraben 3, 6021 Innsbruck, Tel. 0512 598 50, www.innsbruck.info
- Parken siehe S. 24

Innsbruck ist ein Phänomen. Keine andere Stadt in Österreich kombiniert so eindrucksvoll urbanen Lebensstil mit Tradition und alpinem Naturerlebnis wie die Tiroler Metropole mit ihren 133 000 Einwohnern. 1420 wurde Innsbruck dank Herzog Friedrich IV. Residenzstadt. Die statusbewussten Habsburger verliehen der Stadt viel Glanz: Hofburg, Goldenes Dachl und Schloss Ambras sind einige Beispiele dafür. Nicht weit entfernt am Bergisel spielte sich später Historisches ab, kam es 1809 zu drei Schlachten zwischen den von Andreas Hofer geführten Tirolern, Bayern und Franzosen. Daran erinnert eine Statue des Freiheitskämpfers direkt vor der Sprungschanze.

Der Bergisel ist symptomatisch für Innsbruck, wo Historie und Tradition mit dem Sport in Einklang leben. Hier die Geschichte um Andreas Hofer, ein paar Meter daneben die Sprungschanze, Schauplatz der Olympischen Winterspiele 1964 und 1976. Doch nicht nur große Events spielen in Innsbruck eine wichtige Rolle, sondern vor allem

der Alltagssport. Kein Wunder, schließlich ist die Stadt von Bergen umgeben und eine Universitätsstadt mit hohem Studentenanteil. Vom Zentrum führt eine Standseilbahn Richtung Nordkette. Wer möchte, kann vormittags wandern oder Ski fahren und nachmittags in der Fußgängerzone Kaffee trinken oder in der Shoppingmall flanieren.

Altstadt

Kaiserliche Pracht rund um den Hofgarten

Plan S. 22/23

Das Bild der Altstadt von Innsbruck haben über Jahrhunderte hinweg die Habsburger geprägt. Goldenes Dachl, Hofburg und die Hofkirche sind die bedeutendsten Hinterlassenschaften der Herrscherdynastie, die bis 1918 über große Teile Europas regierte und sein Bild maßgeblich mitgeprägt hat.

Sehenswert

1 Stadtturm

| Aussichtspunkt |

Einen ersten Überblick über die Innmetropole gewährt der 51 m hohe Stadtturm. Er wurde 1442–50 ans Alte Rathaus angebaut. Der untere Bereich diente als Gefängnis, oben residierten Turmwächter, die die Uhrzeit ausriefen und vor Feuer und anderen Gefahren warnten. Heute kann man zur Aussichtsplattform hinaufsteigen und den traumhaften Blick auf Innsbruck und die Nordkette genießen.

■ Herzog-Friedrich-Str. 21, Juni–Sept. tgl. 10–20, Okt.–Mai 10–17 Uhr, 4 €, erm. 2 €

ADAC *Wussten Sie schon?*

Innsbruck ist nach Wien und Graz Österreichs beliebteste **Studentenstadt.** Auf 133 000 Einwohner kommen rund 34 000 Studierende aus aller Welt; die meisten von ihnen sind an der traditionsreichen Leopold-Franzens-Universität eingeschrieben. Sie bevölkern die Cafés und Bars der Altstadt und hauchen dieser so Leben ein. Auch der Erdrutschsieg der Grünen bei den Gemeinderatswahlen 2018 wird den vielen studentischen Wählern zugeschrieben.

2 Goldenes Dachl

| Prunkerker |

Innsbrucks Wahrzeichen ist keine Kirche und kein Palast, sondern ein Dach. Ein goldenes immerhin, das den Erker am Neuhof, der einstigen Residenz der Tiroler Landesfürsten in der Herzog-Friedrich-Straße, ziert. 2657 vergoldete Kupferschindeln sorgen für den Glanz. Kaiser Maximilian I. ließ sich den Prunkerker 1497–1500 bauen, um bei Turnieren einen standesgemäßen Logenplatz zu haben. Reliefs zeigen ihn zusammen mit seinen beiden Frauen, dem Kanzler und dem Hofnarr. Im Gebäude befindet sich ein Museum mit Infos zur Geschichte des Gebäudes sowie zu Maximilian I. und seiner Zeit.

■ Herzog-Friedrich-Str. 15, Museum Mai–Sept. tgl. 10–17, Okt. und Dez.–April Di–So 10–17 Uhr, 4,80 €, erm. 2,40 €

3 Dom St. Jakob

| Kathedrale |

Der Innsbrucker Dom geht auf das Jahr 1180 zurück, wurde aber im frühen 18. Jh. nach einem Erdbeben neu errichtet. Zu bewundern gibt es neben dem Gnadenbild Mariahilf von Lucas Cranach d. Ä. im Hochaltar Fresken und Stuckaturen der Gebrüder Asam, das Bronzegrabmal für Maximilian III. und die zweitgrößte Glocke Tirols.

■ Domplatz 6, www.dibk.at/st.jakob, Mo–Sa 10.30–18.30, So12.30–18.30 Uhr

4 Hofburg

| Residenzmuseum |

Die Hofburg war ursprünglich eine mittelalterliche Burg der Grafen von Tirol, die Kaiser Maximilian I. ausbauen ließ. Unter Maria Theresia erhielt sie dann Mitte des 18. Jh. ihr heutiges Ro-

Bronzene Trauergäste für ein leeres Grab: die »Schwarzen Mander« in der Hofkirche

kokogepräge. Von den rund 400 Räumen sind einige besonders prunkvolle zu besichtigen: der Riesensaal mit Porträts der Kaiserin und ihrer Familie, der Gardesaal mit großformatigen Schlachtbildern und der Andreas-Hofer-Saal, in dem der Freiheitskämpfer 1809 für einige Wochen residierte.

■ Rennweg 1, www.hofburg-innsbruck.at, tgl. 9–17 Uhr, 9 €, mit Führung 12 €, bis 19 Jahre Eintritt frei

5 Hofkirche

| Grabkirche |

1 *28 »schwarze Männer« bewachen das Grabmal Kaiser Maximilians*

Mitte des 16. Jh. wurde die Hofkirche als Begräbnisstätte für Maximilian I. erbaut, der 1519 verstorben war. Das vom Kaiser selbst geplante prunkvolle Grab ist jedoch leer: Maximilian fand in Wiener Neustadt in der Burg seine letzte Ruhe. Sehenswert ist die Hofkirche dennoch, allein schon der »Schwarzen Mander« wegen, die den Kenotaph umstehen: Die 28 überlebensgroßen Bronzestatuen stellen Vorfahren und historische Vorbilder Maximilians dar. Im linken Seitenschiff wurde der Freiheitskämpfer Andreas Hofer beigesetzt. Gegenüber befindet sich der Aufgang zur Silbernen Kapelle, Grabstätte von Maximilian II. und seiner bürgerlichen Frau Philippine Welser.

■ Universitätsstr. 2, Mo–Sa 9–17, So 12.30–17 Uhr, 7 €, erm. 5 €, bis 19 Jahre Eintritt frei

6 Volkskunstmuseum

| Kulturhistorisches Museum |

Im ehemaligen Franziskanerkloster präsentiert das Volkskunstmuseum eine umfangreiche Sammlung von Objekten zur Tiroler Alltagskultur. Dazu gehören historische Arbeitsgeräte, Trachten, Bauernmöbel, Krippen und vieles mehr. Ein Highlight sind die getäfelten Stuben aus bäuerlichem und adeligem Umfeld.

■ Universitätsstr. 2, www.tiroler-landesmuseen.at, tgl. 9–17 Uhr, Kombiticket mit Hofkirche, Ferdinandeum und Kaiserjägermuseum 11 €, erm. 8 €, bis 19 Jahre Eintritt frei

7 Ferdinandeum

| Landesmuseum |

Das schon etwas außerhalb der Altstadt gelegene Museum nimmt Besucher mit auf eine Reise durch die Kultur und Geschichte Tirols und Österreichs von der Steinzeit bis zur Gegenwart. Highlights der Sammlung sind der mittelalterliche Altar von Schloss Tirol und historische Musikinstrumente von Jakob Stainer; die Gemäldesammlung umfasst neben Werken der Tiroler Künstler Albin Egger-Lienz und Alfons Walde auch Arbeiten von Kokoschka, Klimt und Schiele sowie von alten Meistern wie Lucas Cranach d. Ä., Brueghel und Rembrandt.

■ Museumstr. 15, www.tiroler-landesmuseen.at, Di–So 9–17 Uhr, Kombiticket mit Hofkirche, Volkskunst- und Kaiserjägermuseum 11 €, erm. 8 €, bis 19 Jahre Eintritt frei

Verkehrsmittel

Der **Sightseer** ist ein Hop-on-Hop-off-Bus, mit dem man bequem zu den wichtigsten Sehenswürdigkeiten Innsbrucks chauffiert wird und nach Belieben ein- und aussteigen kann. Ein Audioguide liefert Kommentare in acht Sprachen, es gibt auch eine spezielle Kinderversion. 24-Std.-Ticket 16 €, erm. 10 €, erhältlich bei Innsbruck Tourismus und direkt im Bus.

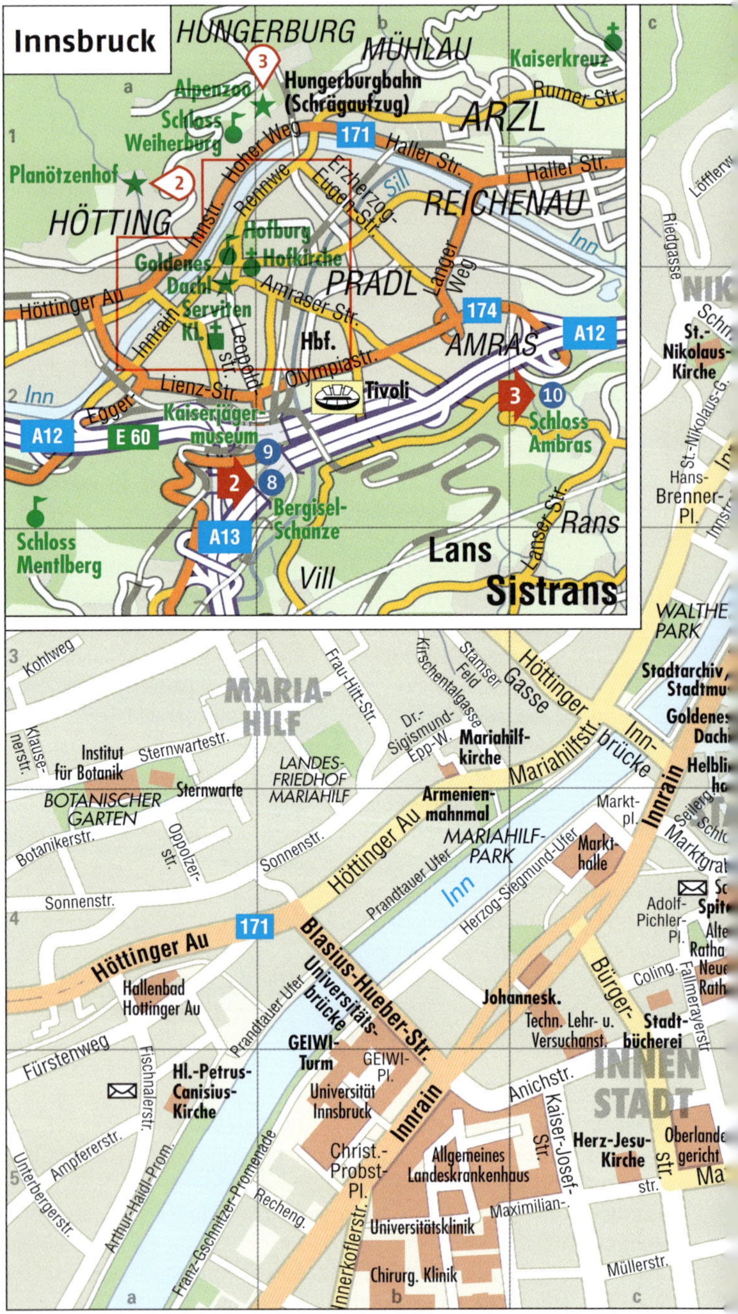
Innsbruck
HUNGERBURG
MÜHLAU
Kaiserkreuz
Alpenzoo
Hungerburgbahn (Schrägaufzug)
Rumer Str.
ARZL
Schloss Weiherburg
Hoher Weg
171
Haller Str.
Planötzenhof
HÖTTING
Rennweg
Erzherzog-Eugen-Str.
Sill
REICHENAU
Innstr.
Hofburg
Hofkirche
Goldenes Dachl
PRADL
Langer Weg
Inn
Höttinger Au
Servitenkl.
Amraser Str.
174
A12
Innrain
Leopoldstr.
Hbf.
AMRAS
Olympiastr.
Lienz-Str.
Tivoli
3
10
Egger
Kaiserjägermuseum
Schloss Ambras
E 60
9
2
8
Bergisel-Schanze
Schloss Mentlberg
A13
Lanser Str.
Rans
Lans
Vill
Sistrans
Kohlweg
MARIAHILF
Frau-Hitt-Str.
Kirschentalgasse
Stamser Feld
Höttinger Gasse
Klausenerstr.
Institut für Botanik
Sternwartestr.
Sternwarte
LANDESFRIEDHOF MARIAHILF
Dr.-Sigismund-Epp-W.
Mariahilfkirche
Mariahilfstr.
Innbrücke
BOTANISCHER GARTEN
Armenienmahnmal
Markt-pl.
Botanikerstr.
Oppolzerstr.
Sonnenstr.
Höttinger Au
MARIAHILF-PARK
Prandtauer Ufer
Herzog-Siegmund-Ufer
Markthalle
Marktgraben
Riedgasse
St.-Nikolaus-Kirche
St.-Nikolaus-G.
Hans-Brenner-Pl.
WALTHERPARK
Stadtarchiv
Goldenes Dachl
Adolf-Pichler-Pl.
Blasius-Hueber-Str.
Universitätsbrücke
Hallenbad Höttinger Au
Bürgerstr.
Colingasse
Fallmerayerstr.
Johannesk.
Techn. Lehr- u. Versuchsanst.
Stadtbücherei
Fürstenweg
GEIWI-Turm
GEIWI-Pl.
INNENSTADT
Fischnalerstr.
Hl.-Petrus-Canisius-Kirche
Universität Innsbruck
Anichstr.
Innrain
Kaiser-Josef-Str.
Herz-Jesu-Kirche
Unterbergerstr.
Ampfererstr.
Arthur-Haidl-Prom.
Franz-Gschnitzer-Promenade
Recheng.
Christ.-Probst-Pl.
Allgemeines Landeskrankenhaus
Maximilianstr.
Universitätsklinik
Innerkoflerstr.
Chirurg. Klinik
Müllerstr.

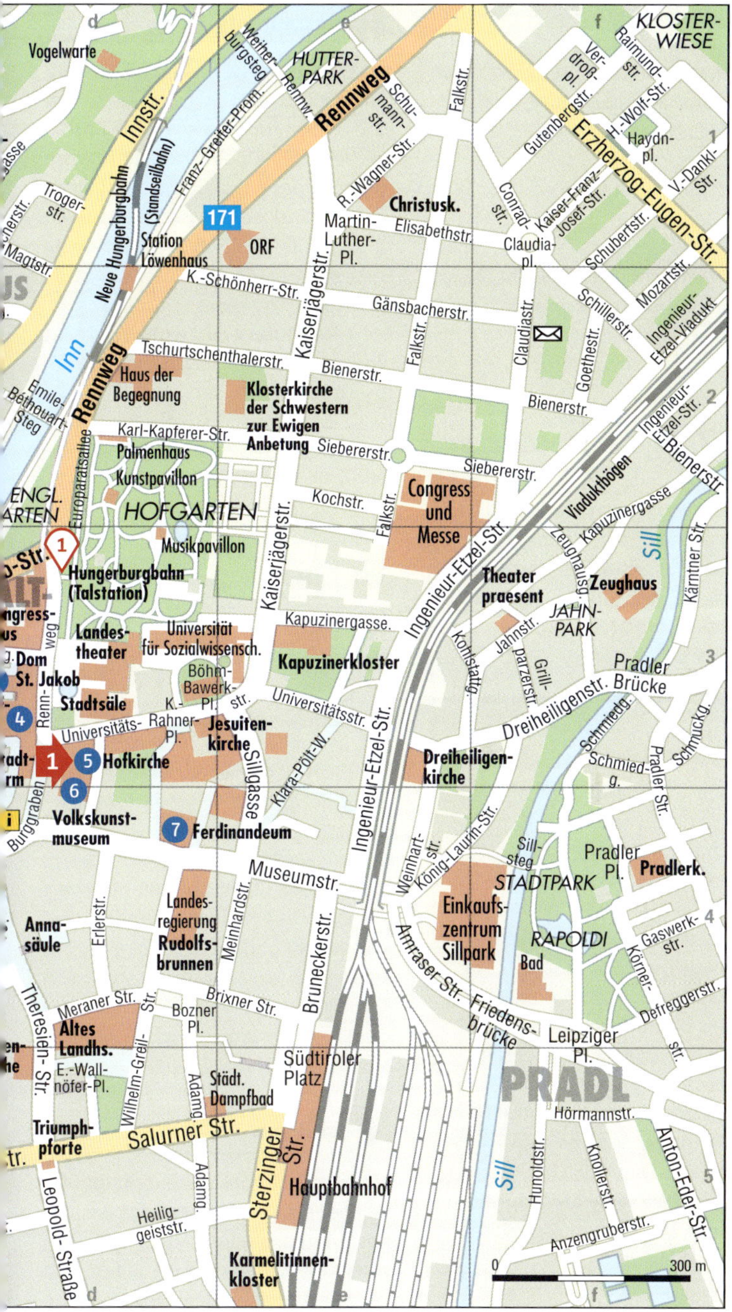
Vogelwarte
HUTTER-PARK
KLOSTER-WIESE
Weiherburgsteg
Rennweg
Innstr.
Neue Hungerburgbahn (Standseilbahn)
Franz-Greiter-Prom.
Schumannstr.
Falkstr.
Verdroß-Pl.
Raimundstr.
Gutenbergstr.
H.-Wolf-Str.
Haydnpl.
Erzherzog-Eugen-Str.
V.-Dankl-Str.
R.-Wagner-Str.
Christusk.
Martin-Luther-Pl.
Elisabethstr.
Conrad-Str.
Kaiser-Franz-Josef-Str.
Schubertstr.
Claudiapl.
171
Station Löwenhaus
ORF
Trogerstr.
Magtstr.
K.-Schönherr-Str.
Kaiserjägerstr.
Gänsbacherstr.
Claudiastr.
Schillerstr.
Mozartstr.
Ingenieur-Etzel-Viadukt
Goethestr.
Inn
Tschurtschenthalerstr.
Bienerstr.
Haus der Begegnung
Klosterkirche der Schwestern zur Ewigen Anbetung
Emile-Bethouart-Steg
Ingenieur-Etzel-Str.
Karl-Kapferer-Str.
Palmenhaus
Siebererstr.
Kunstpavillon
ENGL. GARTEN
Europaratsallee
HOFGARTEN
Kochstr.
Congress und Messe
Viaduktbögen
Kapuzinergasse
Musikpavillon
Hungerburgbahn (Talstation)
Zeughausg.
Sill
Kärntner Str.
Theater praesent
Zeughaus
Landestheater
Universität für Sozialwissensch.
JAHN-PARK
Dom St. Jakob
Kapuzinerkloster
Kohlstattg.
Jahnstr.
Grillparzerstr.
Pradler Brücke
Böhm-Bawerk-Pl.
Stadtsäle
Universitätsstr.
Dreiheiligenstr.
Schmiedg.
Schmuckg.
K.-Rahner-Pl.
Jesuitenkirche
Klara-Pölt-W.
Dreiheiligenkirche
Schmied-g.
Pradler Str.
Hofkirche
Sillgasse
Burggraben
Volkskunstmuseum
Ferdinandeum
Ingenieur-Etzel-Str.
Weinhartstr.
König-Laurin-Str.
Sillsteg
Pradler Pl.
Pradlerk.
STADTPARK
Museumstr.
Landesregierung
Rudolfsbrunnen
Meinhardstr.
Einkaufszentrum Sillpark
RAPOLDI Bad
Gaswerkstr.
Körnerstr.
Annasäule
Erlerstr.
Brunecker Str.
Amraser Str.
Defreggerstr.
Meraner Str.
Brixner Str.
Bozner Pl.
Friedensbrücke
Leipziger Pl.
Altes Landhs.
Theresien-Str.
Wilhelm-Greil-Str.
E.-Wallnöfer-Pl.
Adamg.
Städt. Dampfbad
Südtiroler Platz
PRADL
Hörmannstr.
Triumphpforte
Salurner Str.
Sterzinger Str.
Hauptbahnhof
Hunoldstr.
Knollerstr.
Anton-Eder-Str.
Leopold-Straße
Heiliggeiststr.
Karmelitinnenkloster
Anzengruberstr.
0
300 m

1 Die **Hungerburgbahn** verbindet das Zentrum mit dem Stadtteil Hungerburg, Innsbrucks Sommerfrische mit sehenswerter historischer Villenarchitektur. Von dort besteht Anschluss zur Nordkette (S. 27). Die futuristischen Stationen der Bahn wurden 2007 von der Stararchitektin Zaha Hadid gestaltet. Die Fahrt hinauf lohnt allein schon der Aussicht wegen. ■ Talstation beim Congress Innsbruck, www.nordkette.com, einfach 5,40 €, hin und zurück 9 €, erm. 4,80/8,10 €

Parken

Zentrumsnah liegen die Parkgarage am Hauptbahnhof (Südtiroler Platz 3, 1,40 €/angefangene halbe Std.) und das Parkhaus Sparkasse-Hörtnagel am Sparkassenplatz 1 (0,65 €/15 Min., 18 €/Tag). Beide sind 24 Std. geöffnet.

ADAC *Spartipp*

Die **Innsbruck Card** gewährt freien Eintritt in alle Museen und Sehenswürdigkeiten, gratis ist weiterhin die Teilnahme an einer Stadtführung, die Fahrt mit einer Bergbahn nach Wahl sowie die Nutzung des öffentlichen Nahverkehrs und des Sightseer-Busses. Die Karte ist für 24, 48 und 72 Std. erhältlich (43, 50, 55 €, Kinder 50 %). Die **Innsbruck Welcome Card** gibt es gratis ab der ersten Übernachtung, sie beinhaltet kostenlose Busfahrten ins Umland und geführte Wanderungen sowie viele Nachlässe. Die ab drei Nächten erhältliche **Welcome Card Plus** berechtigt zusätzlich zu kostenlosen Bergbahnfahrten.
www.innsbruck.info

Restaurants

€€ | **Weisses Rössl** Das Altstadtrestaurant mit über 400-jähriger Geschichte ist ein Innsbruck-Klassiker. Edelnostalgisches Interieur, eine seltene Terrasse mitten in der Altstadt und gemütliche Stuben sind der passende Rahmen für die gute Tiroler Küche. ■ Kiebachgasse 8, Tel. 0512 58 30 57, www.roessl.at, Mo–Sa 9–15, 17–24 Uhr, Plan S. 22/23 c4

€€€ | **Restaurant Sitzwohl** Hier sitzt man wirklich gut. Stilvoll eingerichtetes Gasthaus in der Altstadt direkt beim Stadtforum an der Merander Straße. Feine regionale Küche. ■ Stadtforum, Tel. 0512 56 28 88, Mo–Fr 11.30–14, 18–23 Uhr, Plan S. 22/23 d4

Cafés

Café Sacher Der Tiroler Ableger des Wiener Gastro-Klassikers liegt zentral zwischen Hofburg und Goldenem Dachl und bietet elegante Atmosphäre im klassisch österreichischen Stil. Natürlich gibt's hier auch die berühmte Sachertorte. ■ Rennweg 1, Tel. 0512 56 56 26, www.sacher.com, So–Mi 8.30–22, Do–Sa 8.30–24 Uhr, Plan S. 22/23 d3

Café Valier Klassisches, liebenswert altmodisches Kaffeehaus mit ausgezeichneter Konditorei und eigener Imkerei. Eine Innsbrucker Institution. ■ Maximilianstr. 27, Tel. 0512 58 61 80, www.konditorei-innsbruck.at, Mo–Fr 8–18.30, Sa 8–12 Uhr, Plan S. 22/23 c5

Einkaufen

Markthalle In der nahe dem Innufer gelegenen Markthalle tut sich ein kleines Genussparadies mit vielen regionalen Spezialitäten auf – von frischem Obst und Gemüse über Heumilchkäse

Der Duft von frisch geräuchertem Speck erfüllt die Innsbrucker Markthalle

bis zu Tiroler Speck. Man kann auch gut einkehren und sich mit Bioküche, klassischen Tiroler Gerichten oder Pizza stärken. Große Terrasse auf der Innseite. ■ Herzog-Siegmund-Ufer 1–3, www.markthalle-innsbruck.at, Mo–Fr 7–18.30, Sa 7–13 Uhr, Plan S. 22/23 c4

Speckeria Gleich neben dem Goldenen Dachl befindet sich diese Innsbrucker Institution, die sich ganz dem Speck widmet. Kaiser-, Schinken-, Karree- oder Bauchspeck, das alles kann man kaufen oder gleich vor Ort verkosten. ■ Hofgasse 3, www.speckeria.at, tgl. 9–19 Uhr, Plan S. 22/23 d3

Kneipen, Bars und Clubs

Bar 360 Grad Die sensationelle Aussicht auf Innsbruck und die Nordkette ist das große Plus dieser kleinen feinen Bar mit markanter Glaskuppel bei den Rathausgalerien mitten im Zentrum von Innsbruck. ■ Maria-Theresien-Str. 18, Tel. 0664 840 65 70, www.360-grad.at, Mo–Sa 10–1 Uhr, Plan S. 22/23 c4

Außerhalb des Zentrums

Moderne und historische Architektur, Kunst und Kuriositäten

Der 746 m hohe Bergisel im Süden des Stadtteils Wilten ist Tirols Schicksalsberg. In drei Schlachten kämpfte hier Andreas Hofer gegen die vereinigten Bayern und Franzosen. Später nutzten die Kaiserjäger den Hügel für militärische Übungen. Seit den 1920er-Jahren finden hier Wintersportveranstaltungen statt. Etwa 5 km südwestlich der Innenstadt liegt Schloss Ambras, eine der bedeutendsten Schlossanlagen Österreichs.

Sehenswert

8 Bergisel-Schanze
| Aussichtspunkt |
2 *Futuristisch gestaltete Sportstätte mit Aussichtsplattform*

Die exponiert gelegene Skischanze am Bergisel, die 2002 von der Architektin Zaha Hadid neu gestaltet wurde,

Im Blickpunkt

Andreas Hofer, der Tiroler Nationalheld

Keine andere Persönlichkeit steht so sehr für Tiroler Tradition und Eigenart wie der Wirtssohn aus dem Passeiertal, das heute zu Südtirol gehört. Von 1809 an führte er den Widerstandskampf gegen Bayern an, an das Tirol nach der verlorenen Schlacht von Austerlitz gefallen war. Nach ersten Siegen und der Eroberung Innsbrucks unterstützten die Franzosen ihre bayerischen Verbündeten, und die Tiroler erlitten entscheidende Niederlagen am Bergisel. Hofer flüchtete mit seiner Familie ins Passeiertal, wurde dort festgenommen, als Gefangener ins damals napoleonische Mantua gebracht und 1810 standrechtlich erschossen. Hofers Konterfei ist in Tirol heute allgegenwärtig. Seine Gebeine ruhen in der Hofkirche; am Bergisel und in Kufstein ehren ihn Denkmäler.

ist ein weiteres Wahrzeichen der Stadt. Sie wurde für die Olympischen Winterspiele erbaut und gehört zu den Austragungsorten der Vierschanzentournee im Januar. Ein Lift führt hinauf zur Aussichtsplattform und zum Turmrestaurant Bergisel Sky, wo ein toller Blick auf Innsbruck aus der Skispringerperspektive für den hohen Eintrittspreis entschädigt.

■ Bergisel 3, www.bergisel.info, Juni–Okt. tgl. 9–18, Nov.–Mai Mi–Mo 10–17 Uhr, 9,50 €, erm 4,50 €, Kombiticket mit Tirol-Panorama 14 €

9 Kaiserjägermuseum und Tirol-Panorama

| Geschichtsmuseum |

Der Bergisel am Südrand Innsbrucks ist eine Art Tiroler Nationalheiligtum. Andreas Hofer kämpfte hier 1809 in drei Schlachten gegen die Bayern und Franzosen. Die dritte Schlacht ist Thema des Tirol-Panoramas, eines 1000 m² großen Rundgemäldes von 1896. Ein unterirdischer Gang führt von dort zum Kaiserjägermuseum. Es informiert über die Freiheitskämpfe und die Geschichte dieses Eliteregiments, das am Bergisel eine Schießstätte unterhielt.

■ Bergisel 1–2, www.tiroler-landesmuseen.at, Mi–Mo 9–17, letzter Einlass 16.30 Uhr, 8 €, erm. 6 €, bis 19 Jahre Eintritt frei, Kombiticket mit Hofkirche, Ferdinandeum und Volkskunstmuseum 11 €, erm. 8 €

10 Schloss Ambras

| Kunst- und Wunderkammer |

3 *Prächtiges Renaissanceschloss mit weltberühmten Sammlungen*

Nahe der Ausfahrt Innsbruck-Ost thront das prachtvolle Renaissanceschloss über der Autobahn, umgeben von gepflegten Parkanlagen mit Fischteichen und Wildgehegen. Erzherzog

Ferdinand II., der Hausherr, tat sich bereits im 16. Jh. als Mäzen hervor, gründete Kunst- und Kuriositätensammlung, Rüstkammer und Antiquarium und schuf damit eines der ältesten Museen der Welt. In den früheren Wohnräumen befindet sich heute die Habsburger Porträtgalerie mit Werken von Tizian, Velazquez und van Dyck. Auch die umfangreiche Glassammlung beinhaltet kostbare Stücke. Beim Schlossfest im August kann man alter Musik lauschen und prächtige Renaissancekostüme bewundern.
■ Schlossstr. 20, www.schlossambras-innsbruck.at, tgl. 10–17 Uhr, Nov. geschl., April–Okt. 10 €, erm. 7 €, Dez.–März 7 €, erm. 5 €, bis 19 Jahre Eintritt frei

Restaurants

€ | **Buzihütte** Uriges Gasthaus am Nordwestrand von Innsbruck mit viel Nostalgie und genialer Aussicht. Deftige Küche mit eigenen Knödelspezialitäten. Etwas umständliche Anfahrt. ■ Berchtoldshofweg 14, Tel. 0512 28 33 33, www.buzihuette.at, Mi–Fr 18–24, Sa, So 11–24 Uhr

2 €€ | **Planötzenhof** An der Nordkette über Innsbruck residiert das Traditionshaus mit Erlebnisbauernhof. Herrliche Aussicht, klassisches Interieur und Tiroler Küche mit vielen Zutaten aus eigener Produktion. ■ Planötzenhofstr. 30, Tel. 0512 27 40 17, www.planoetzenhof.at, Di, Mi, Fr, Sa 12–19.30, So 11.30–19 Uhr, Plan S. 22/23 a1

Kinder

3 **Alpenzoo** Der nahe am Innufer unterhalb der Hungerburg gelegene Zoo ist einer der höchstgelegenen in Europa. Auf rund 4 ha sind

Die Schanze am Bergisel ist eine von vier, die im Skispringen die Welt bedeuten

150 Tierarten zu Hause, die früher in den Alpen heimisch waren oder dort heute noch anzutreffen sind, darunter Bartgeier und Steinadler, Luchs und Murmeltier, Steinbock und Gämse. ■ Weiherburggasse 37a, www.alpenzoo.at, April–Okt. tgl. 9–18, Nov.–März 9–17 Uhr, 11 €, erm. 9/5,50/2 €, Plan S. 22/23 b1

Sport

Nordkette Die steilen Hänge im Norden von Innsbruck sind ein alpines Freizeitgebiet. Man erreicht sie mit den Nordkettenbahnen, die vom Stadtteil Hungerburg (S. 24) hinauf zur Seegrube und zum Hafelekar auf 2300 m Höhe führen. Im Winter tummeln sich oben Freerider und Snowboarder. Im Sommer ist die Nordkette

Schloss Ambras: In Innsbruck steht das älteste Museum der Welt

ein Revier für Wanderer, Felskletterer und Mountainbiker. Bei der Seegrube gibt es einen Panoramaweg und ein Restaurant mit Aussichtsterrasse. Eine beliebte, ca. 4-stündige Wanderung führt von dort über mehrere Almen zur Hungerburg hinab. ■ Talstationen Höhenstr. 145 bzw. 151, www.nordkette.com, Zentrum–Seegrube hin und zurück 31,10 €, erm. 28/24,80/18,60 €, Juni–Sept. Fr abends ermäßigte Tarife

Wandern

Umbrüggler Alm Ein knapp 45-minütiger, leicht zu bewältigender Spaziergang führt von der Hungerburg oberhalb vom Zentrum bei bestem Blick auf Innsbruck zu der schön gelegenen, aussichtsreichen Alm an der Nordkette. Moderne Architektur mit viel Holz, große Aussichtsterrasse, klassische Tiroler Küche ■ Umbrüggleralmweg 36, Tel. 066 43 24 45 43, Mi–Mo 9–21.30 Uhr

2 Hall

Die mittelalterliche Altstadt ist eine der besterhaltenen Österreichs

Information

■ Tourismusregion Hall-Wattens, Unterer Stadtplatz 19, Tel. 05223 455 44, www.hall-wattens.at

Hall, die kleine Nachbarin von Innsbruck, gelangte im Mittelalter durch Salzbergbau und Münzprägung zu Wohlstand und war als Handelsplatz lange Zeit weitaus bedeutender als die Innmetropole. Von dieser Glanzzeit zeugt nicht nur das historische Zentrum mit seinen kopfsteingepflasterten Gassen, das zu den schönsten Österreichs zählt, sondern auch das Bergbaumuseum in der Fürstengasse und das Münzmuseum auf Burg Hasegg. Das Zentrum von Hall ist auch

Kulisse eindrucksvoller Veranstaltungen wie den Haller Gassenspielen im Sommer oder dem Adventsmarkt.

Sehenswert

Bergbaumuseum
| Geschichtsmuseum |
Wer Salz hatte, der hatte das Geld. So war es im Mittelalter, und wie Hall durch das weiße Gold wohlhabend wurde, das zeigt eindrucksvoll das Bergbaumuseum im Zentrum bei den angebotenen Führungen in einem nachgebildeten Stollen inklusive Rutschbahn. Thema sind dabei auch die schwierigen Arbeitsbedingungen der Knappen unter Tage.
■ Fürstengasse 1, Führungen Mo, Do, Sa 11.30 Uhr, 5 €, erm. 3 €

Museum Münze Hall
| Münzmuseum |
Das Museum in der Burg Hasegg, Halls geschichtsträchtiger Münzprägestätte, erzählt spannende Geschichten vom Geld: wie Sigmund der Münzreiche in Hall 1486 den ersten Silbertaler prägen ließ und wie der Maria-Theresien-Taler zum international begehrten Zahlungsmittel wurde. Glanzstück der Sammlung ist die erste Münzprägemaschine der Welt. Vom achteckigen Münzturm bietet sich ein schöner Blick auf Inntal und Karwendel.
■ www.muenze-hall.at, April–Okt. Di–So 10–17 Uhr, Nov.–März nur Di–Sa, 8 €, erm. 6,50/5,50€, Münzerturm 5,50 €, erm. 5/4,50 €

Restaurants

€€ | Goldener Löwe Historisches Gasthaus im Zentrum von Hall, holzvertäfelte Stuben und Gewölbedecken schaffen den stimmungsvollen Rahmen für die bodenständige Tiroler Küche. ■ Oberer Stadtplatz, Tel. 05223 415 50, www.goldenerloewe-hall.at, Di–Sa 11–14.30, 17.30–24 Uhr

ADAC *Spartipp*

Die **Gäste-Schatzkarte** der Region Hall-Wattens gewährt nicht nur Ermäßigungen bei zahlreichen Sehenswürdigkeiten und Aktivitäten, man kann damit auch viele Buslinien gratis benutzen. Man bekommt die Karte kostenlos bei den Beherbungsbetrieben.

Entspannung

Gradierwerk/Freiluftinhalatorium
Solewasser rieselt über Schwarzdornzweige und reichert die Umgebungsluft mit feinen Salzpartikeln an – eine Wohltat für die Atemwege. ■ Kurpark, im Sommer jederzeit frei zugänglich, Eintritt frei

3 Wattens

Publikumsmagnet der Industriestadt am Inn sind die Kristallwelten

Information

■ Tourismusregion Hall-Wattens, Unterer Stadtplatz 19, Tel. 05223 455 44, www.hall-wattens.at

Wattens ist ein unscheinbarer kleiner Industrieort östlich von Innsbruck direkt am Inn. Die Kristallwelten von Swarovski, die zu den meistbesuchten Sehenswürdigkeiten Österreichs zählen, machen ihn jedoch zu einer touristischen Topadresse.

Swarovski Kristallwelten: Licht ist der beste Freund von Glitzersteinen

Sehenswert

Swarovski Kristallwelten
| Indoor-Themenpark |

4 *Glitzernde Wunderkammern, von namhaften Künstlern gestaltet*

Direkt neben dem weitläufigen Industriekomplex von Swarovski grüßt der grüne Riese Besucher. Der eigenwillig gestaltete Eingangsbereich der Swarovski Kristallwelten ist unübersehbar und steht für eine kreative Erlebniswelt, die von André Heller konzipiert und 1995 eröffnet wurde. Das Innenleben bietet einen Streifzug durch die Glitzerwelt von Swarovski mit Kreationen von Künstlern wie Salvador Dali, Brian Eno oder Andy Warhol in den 16 Wunderkammern. Dazu gibt es eine fantasievoll gestaltete Gartenanlage auf mehr als 7 h, ein Heckenlabyrinth, einen fünfstöckigen Spielturm und natürlich auch die Möglichkeit, Swarovski-Kreationen zu erwerben.

■ Kristallweltenstr. 1, www.kristallwelten.swarovski.com, tgl. 8.30–19.30, Juli, Aug. bis 22 Uhr, 19 €, erm. 7,50 €

Einkaufen

Brennerei Rochelt In Fritzens auf der Wattens gegenüberliegenden Innseite hat Rochelt seinen Sitz, Tirols exklusivste Brennerei. Ihr Markenzeichen sind die grünen Zangenflaschen mit Zinnverschluss. ■ Innstr. 2, 6122 Fritzens, www.rochelt.com, Mo–Do 8–17, Fr bis 14 Uhr

4 Wipptal

Urtümliche Ortschaften und stille Bergnatur unweit der Brennerautobahn

Information

■ Ferienregion Wipptal, Brennerstr. 67, 6150 Steinach, Tel. 05272 62 70, www.wipptal.at

Das Wipptal ist ein Phänomen: Das Tal zwischen Innsbruck und dem Brenner hat auf der Brennerautobahn wohl jeder schon durchfahren. Dass es aber auch eine andere Seite hat mit ursprünglichen Seitentälern, einsamen Bergdörfern und reich geschmückten Pfarrkirchen, das wissen nur Einheimische und Insider. Im Gschnitztal, Schmirntal, Valsertal und Obernbergtal scheint die viel befahrene Transitroute mit ihren Baustellen und Lkw-Staus Lichtjahre entfernt. Wanderern stehen abwechslungsreiche Touren zur Auswahl, im Winter herrschen beste Bedingungen für Skitouren.

Sehenswert

Maria Waldrast

| Wallfahrtsort |

Das höchstgelegene Kloster Mitteleuropas auf 1647 m Höhe erreicht man von Matrei aus auf einer Mautstraße (Pkw 5 €). Errichtet wurde es im 17. Jh. vom Servitenorden. Der Marienwallfahrtsort hat den Ruf eines Kraftplatzes; der Quelle beim Kloster wird eine heilende Wirkung nachgesagt. Tagsüber zu besichtigen sind die Kapelle und die Bibliothek im 2. Stock des Klostergasthofs. In der Nähe beginnen mehrere Wanderwege.

■ 6143 Mühlbachl-Matrei am Brenner, www.mariawaldrast.at, Eintritt frei

BBT Tunnelwelten Infocenter

| Informationszentrum |

Als Teil der Eisenbahnachse Berlin–Palermo entsteht zwischen Innsbruck und Franzensfeste der etwa 60 km lange Brennerbasistunnel, der 2026 eröffnet werden soll. In den Tunnelwelten geben sieben interaktiv gestaltete Erlebniswelten spannende Einblicke in das größte Tunnelbauprojekt Europas. Besucher können u.a. eine Sprengung zünden, durch den Schautunnel spazieren und aus Bausteinen selbst einen Tunnel konstruieren.

■ Alfons-Graber-Weg 1, 6150 Steinach am Brenner, www.tunnelwelten.com, Di–So 10–17 Uhr, Eintritt frei

Gschnitztal

| Tal |

4 *Noch recht ursprüngliches Tal mit blumenreichen Almen*

Das Gschnitztal, das bei Steinach abzweigt, ist ein gutes Beispiel dafür, wie nahe entlang der Brennerautobahn Verkehrstosen und ruhiges Bergidyll beieinander liegen. Ein guter Ausgangspunkt für Wanderungen ist der Hauptort Gschnitz. Im Ortsteil Obertal ermöglicht das Mühlendorf eine Zeitreise. Hier wandert man zu verschiedenen Stationen wie der von Wasserkraft angetriebenen Getreidemühle und zu einem eindrucksvollen Wasserfall.

■ www.muehlendorf-gschnitz.at, Mitte Mai–Mitte Okt. tgl. 10–17 Uhr, 3 €, erm. 1,50 €

Valsertal

| Tal |

Bei St. Jodok zweigt das Valsertal vom Wipptal ab und führt weit hinein in die Berge bis Innervals und zum Olperer, der zu den Zillertaler Alpen gehört. Das stille Tal ist im hinteren Bereich ein Naturschutzgebiet und für seinen Blumenreichtum geschätzt. In der Schule der Alm kann man bei Schnupperkursen die Almarbeit erlernen.

Obernbergtal

| Tal |

Bei Gries mündet das vom Tribulaun überragte Obernbergtal ins Wipptal ein. Hier sind der Obernbergsee und der Lichtsee beliebte Ausflugsziele. Die Nikolauskirche ist wegen ihrer zauberhaften Lage ein beliebtes Fotomotiv. Die alte Mühle neben der Kirche steht im Sommer einmal wöchentlich bei Führungen Besuchern offen.

Restaurants

€€ | Gasthaus Olpererblick Tiroler Gasthof mit traditionellen Schmankerln und herrlichem Bergblick, ganz hinten im Gschmirntal und weit weg vom Autobahnverkehr. ■ Toldern 11a, 6154 Gschmirn, Tel. 05279 201 20, www.olpererblick.at, Di–So 12–19 Uhr

€€ | **Gasthof Lamm** Bis auf das 15. Jh. geht die Geschichte dieses Gasthofs in Matrei zurück. Historisch und sorgfältig restauriert ist das Interieur, klassisch österreichisch die Speisekarte. ■ Brennerstr. 36, 6413 Matrei, Tel. 05273 62 21, www.gasthoflamm.at, Di–Sa 12–14, 18–21, So 9–17 Uhr

Kinder

Wasser- & Erlebniswelt Bärenbachl Von Steinach führt eine Gondel hinauf zu dieser kleinen Erlebniswelt mit Teichen und Wasserbecken, Spielstationen, Klettergarten und einem Restaurant. ■ Huebenweg 25, www.bergeralm.net, Juni–Sept. tgl. 9–17 Uhr, Eintritt frei

5 Stubaital

Österreichs größtes Gletscherskigebiet mit Schneesicherheit bis Juni

Information

■ Tourismusverband Stubai Tirol, Stubaitalhaus, Dorf 3, 6167 Neustift im Stubaital, Tel. 0501 88 11 00, www.stubai.at

Das rund 35 km lange Tal südwestlich von Innsbruck gehört zu den touristisch bedeutendsten Destinationen Tirols. Wichtige Impulse gab ab 1973 das bis Juni geöffnete Gletscherskigebiet am Talschluss. Im Sommer sind viele Wanderer unterwegs, die u.a. dem Stubaier Höhenweg von Hütte zu Hütte folgen. Hauptort ist Fulpmes, Neustift fungiert als Zentrum des Alpintourismus mit dem Haus der Berge und dem Alpinzentrum. Familien schätzen Mieders wegen der 2,6 km langen Sommerrodelbahn; in Telfes gibt es einen Greifvogelpark.

Sehenswert

Krippenmuseum Fulpmes

| Kunsthandwerkmuseum |

In einem historischen Gebäude mitten in Fulpmes zeigt das reich bestückte Museum Krippen alter Meister und moderne Künstlerkrippen. Zu entdecken sind weiterhin Guckloch-Krippen, eine begehbare Krippe und ein Kirchenkrippen-Labyrinth.

■ Bahnstr. 11, www.krippenmuseum.at, Do und So 10–12, 14–18 Uhr, 4,80 €, erm. 2,40 €

Schmiedemuseum Fulpmes

| Handwerksmuseum |

In der Schlick, einem Hochtal bei Fulpmes, wurde bis ins 16. Jh. Erz abgebaut – Schmieden waren daher im Stubaital noch bis ins 19. Jh. sehr verbreitet. Das Schmiedemuseum im alten Riedlhaus zeigt historische Werkzeuge und Schmiedearbeiten, einen Schmiedehammer von 1836 und vier alte Holzhämmer, die heute noch mit Wasserkraft betrieben werden können.

■ Fachschulstraße, 6166 Fulpmes, im Sommer Mi 14–17 Uhr, 2 €

Eishöhle und Top of Tyrol

| Aussichtspunkt |

Am Stubaier Gletscher kann man unterhalb der Bergstation Eisgrat mehrere ins ewige Eis gefräste Gänge erkunden und dabei verschiedene Gletscherphänomene verstehen lernen. Im Sommer führt ein Fußweg zur Aussichtsplattform Top of Tyrol auf 3210 m. Die Stahlkonstruktion ragt 9 m über den Fels hinaus und bietet tolle Ausblicke auf 109 Dreitausender.

■ www.stubaier-gletscher.com, Juni–Nov. tgl. 8.30–15.30, Dez.–Mai 11.30–15.30 Uhr, 6 €, erm. 3 €

Restaurants

€€ | **Tschangelair-Alm** Ganz hinten im Tal auf dem Weg zum Gletscherskigebiet steht das urige Lokal rechts an der Straße. Draußen wie drinnen Tiroler Rustikalität, dazu eine Küche, die ganz regional aufspielt. Viele Produkte aus der eigenen Landwirtschaft. ■ Dorfstr. 12, 6167 Neustift, Tel. 05226 37 67, www.hoferalm.at, tgl. 12–18 Uhr

6 Seefeld

Der beliebte Wintersportort hat auch im Sommer seine Reize

Information

■ Informationsbüro Seefeld, Klosterstr. 43, 6100 Seefeld, Tel. 050 88 00, www.seefeld.com

In dem breit gestreuten Ort auf dem Seefelder Plateau nordwestlich von Innsbruck dreht sich alles um Sport und Outdoor. Dabei spielt der alpine Skisport hier eher eine Nebenrolle, stehen die nordischen Disziplinen im Vordergrund. Im Sommer geben die Nordic Walking Arena sowie ein ausgedehntes Wander- und Radwegenetz Gelegenheit zu sportlicher Betätigung. Beliebte Freizeitziele sind der Wildsee mit dem angrenzenden Reither Moor sowie die von einer Bergbahn erschlossene Seefelder Spitze.

Sehenswert

Seekirchl

| Wallfahrtskirche |

Das Wahrzeichen von Seefeld steht etwas südwestlich vom Zentrum auf einer Anhöhe im Ortsteil Kirchwald. Der barocke Zentralbau birgt ein Kruzifix, das als wundertätig gilt und viele Pilger anzieht. Den namengebenden See hat man im 19. Jh. trockengelegt.
■ Mai–Okt. tgl. 8–18 Uhr

Im Blickpunkt

Tiroler Spezialitäten

Fast auf jeder Hütte zu haben sind Tiroler Gröstl (gebratene Kartoffeln, Fleisch und Zwiebeln), Gerstlsuppe (Gerstensuppe mit Speck) und Speckknödel. Kaspressknödel sind flach gepresste Knödel mit Grau- oder Bergkäse. Eine Brettljause umfasst Käse, Tiroler Speck, Kaminwurzen, Schmalz und Bauernbrot. Wer Schlutzkrapfen bestellt, bekommt Teigtaschen mit einer würzigen Kartoffelfüllung. Bei Zillertaler Krapfen birgt die Hülle Graukäse. Kiachl, in Schmalz ausgebackene Hefeteigfladen, gibt es herzhaft mit Sauerkraut oder süß mit Marmelade. Im Wirtshaus kommt Wild, Schöpsernes (Lammbraten),Tiroler Leber oder Speckforelle auf den Tisch. Zum süßen Repertoire gehören Apfelradln und Moosbeernocken, in Teig ausgebackene Heidelbeeren.

Restaurants

€€ | **Waldgasthof Triendlsäge** Rustikales Gasthaus mit Tiroler Ambiente und regionalen Spezialitäten etwas abseits von Seefeld am Nordrand Richtung Leutasch. Beliebtes Ausflugslokal. ■ Triendlsäge 259, Tel. 05212 25 80, www.triendlsaege.at, Do–Di 11.30–20.30, Di 11.30–16 Uhr

Waldeinsamkeit und badewannenwarmes Wasser: Sommerglück am Möserer See

In der Umgebung

Möserer See

| Moorsee |

Der westlich vom Nachbarort Mösern mitten im Wald gelegene Natursee erreicht im Sommer Wassertemperaturen von 25 Grad und wird entsprechend gern zum Baden genutzt. Ein Wanderweg umrundet das Gewässer, und am Ostufer gibt es ein Ausflugslokal. ■ Jederzeit frei zugänglich

7 Leutasch

Langlaufen und Wandern vor atemberaubender Bergkulisse

Wesentlich ruhiger und bodenständiger als in Seefeld geht es im Nachbarort Leutasch nahe der bayerischen Grenze zu. Der aus zahlreichen Einzelsiedlungen bestehende Ort ist vor allem als Langlaufdestination bekannt.

Sehenswert

Ganghofermuseum

| Literaturmuseum |

Das im Ortsteil Kirchplatzl in der alten Dorfschule untergebrachte Museum widmet sich dem Leben und Werk des bekannten Heimatschriftstellers. Er bewohnte im nahen Gaistal 20 Jahre lange das Jagdhaus Hubertus und verfasste dort viele seiner Romane, darunter »Das Schweigen im Walde«. Auch die Geschichte von Leutasch ist Thema der Ausstellung.

■ Kirchplatzl 154, www.leutasch.at, Di, Mi 10–12, Do, Fr 16–18 Uhr, 3 €, erm. 2,50 €

Leutaschklamm

| Wildbachschlucht |

5 *Naturschauspiel mit tosendem Wildwasser in der Hauptrolle*

Die von der Leutascher Ache durchtoste und von steilen Felswänden gerahmte Klamm wurde 2006 durch bis zu 50 m über dem Boden verlaufende Stahlsteige erschlossen. Der Koboldpfad führt vom Kiosk 1,9 km, der Klammgeistweg 3 km in die Schlucht hinein, unterwegs informieren Tafeln über Geologie, Flora, Fauna und mit der Klamm verbundene Mythen. Schwindeln lässt der Blick von der Panoramabrücke. Der alte, nur 200 m lange Klammweg endet an einem 23 m hohen Wasserfall.

■ Mai–Okt., www.leutaschklamm.com, Wasserfallsteig 2 €, andere Pfade gratis

8 Sellraintal mit Kühtai

Ursprünglich gebliebenes, von bergbäuerlicher Kultur geprägtes Tal

Information

■ Tourismus Information Gries, Gries 17, 6182 Gries i. S., Tel. 05236 224, www.innsbruck.info/gries; Tourismus Information Kühtai, Kühtai 42, 6183 Kühtai, Tel. 05239 5222, www.kuehtai.info

Früher zog die Heilquelle Rothenbrunn wohlhabende Innsbrucker ins Sellrain. Heute ist das südwestlich orientierte, enge Tal ein beliebtes Revier für Wanderer und Radsportler und gilt im Winter als Topregion für Skitouren. Das auf 2000 m gelegene Kühtai ist Österreichs höchstgelegenes und schneesicherstes Skigebiet, im Sommer trainieren im Höhenleistungszentrum Kühtai Profis und ambitionierte Freizeitsportler. Im Spätsommer ist die Talstraße Teilstrecke des berühmten Ötztaler Radmarathons. Die Orte Sellrain, Gries und St. Sigmund wurden zu Bergsteigerdörfern erklärt, eine Auszeichnung, die nur besonders naturnahen Orten mit ursprünglich gebliebenem Ortsbild und familiärer Infrastruktur zuteil wird.

Sport

Trekking mit Islandpferden Islandpferde gelten als trittsicher und gutmütig – daher sind die geführten Ausritte in die alpine Bergwelt auch für Anfänger geeignet. ■ Tel. 0676 3620643, www.reiten-im-kuehtai.at, 1 Std./25 €, 2 Std./45 €, 4 Std./80 €, 1 Tag/120 €

Wandern

Besinnungsweg Sellrain Der knapp 10 km lange, leicht zu bewältigende Weg führt von der Pfarrkirche St. Martin in Gries über Felder, Wiesen und durch Wald zur weithin sichtbaren Wallfahrtskirche St. Quirin in Sellrain und von dort weiter zur Kirche St. Anna im Ortsteil Obere Grube.

DreiSeenBahn Von der Bergstation kann man den Finstertaler Stausee und die Plenderlesseen, den Sulzkogel und den Neunerkogel erwandern.

ADAC *Mittendrin*

Der alljährlich Anfang September stattfindende **Ötztaler Radmarathon** ist der Goldstandard unter Hobbyradsportlern aus aller Welt. 238 km, 5500 Höhenmeter: Die von Sölden über vier Alpenpässe – Kühtai, Brennerpass, Jaufenpass und Timmelsjoch – führende Strecke fordert den Teilnehmern das Letzte ab. Dennoch ist die Nachfrage so groß, dass die 4000 Startplätze verlost werden.
www.ötztaler-radmarathon.com

Übernachten

Die Tiroler Landeshauptstadt hat ein umfangreiches Angebot an Unterkünften für jeden Geschmack und in jeder Preisklasse. Eine Alternative sind die aussichtsreichen Dörfer auf der südlichen Inntalseite wie Lans, Igls, Mutters oder Natters. Von dort gelangt man in einer guten halben Stunde mit Stubaierbahn, Straßenbahn oder Bus ins Zentrum und spart sich Staus und Parkplatzsuche. Eine große Auswahl an Übernachtungsmöglichkeiten gibt es auch in Seefeld.

Innsbruck 18

€ | **Pension Stoi** Preisgünstiges Gästehaus in zentraler und doch ruhiger Lage in einem Hinterhof. Einfache Zimmer und Kaffeehaus in der Nachbarschaft zum Frühstück. ■ Salurnerstr. 7, 6020 Innsbruck, Tel. 0512 58 54 34, www.pensionstoi.at

€€ | **Landgasthof Walzl** Oberhalb von Innsbruck in Lans gelegener Landgasthof mit schöner Aussicht, modernisierten Zimmern und schönem Gastgarten auf der Rückseite. ■ Dorfstr. 56, 6072 Lans, Tel. 0512 37 03 80, www.gasthof-walzl.at

€€ | **Nala Individuellhotel** Zentral gelegenes Boutiquehotel, das seinem Namen mit sehr unterschiedlichen, kreativ gestalteten Zimmern, Suiten und Lofts gerecht wird. ■ Müllerstr. 15, 6020 Innsbruck, Tel. 0512 58 44 44, www.nala-hotel.at

Hall 28

€€ | **Gasthof Badl** Direkt am Inn und nahe der Haller Altstadt gelegenes Traditionsgasthaus und ehemaliges Badehaus mit schönen Zimmern, gutem Restaurant und Gastgarten. ■ Haller Innbrücke 4, 6070 Ampass, Tel. 05223 567 84, www.badl.at

Wattens 29

€€ | **Goldener Adler** 350 Jahre Tradition hat der Goldene Adler in Wattens. Das Viersternehaus präsentiert sich klassisch tirolerisch mit renovierter Fassade und Interieur. Gediegene Ausstattung, gehobene österreichische und mediterrane Küche. ■ Innsbrucker Str. 1, 6112 Wattens, Tel. 05224 522 55, www.goldener-adler-wattens.at

Wipptal 30

€€ | **Traditionshotel Krone** Bereits seit 1447 in Familienbesitz befindliches Dreisternehotel im Zentrum von Matrei. Modernisierte Zimmer, Sauna und Dampfbad. ■ Brennerstr. 54–56, 6143 Matrei am Brenner, Tel. 05273 62 28, www.krone-matrei.at

Stubaital 32

€€ | **Hotel Kirchdach** Ein Fall für Naturliebhaber ist das Mittelklassehotel am Ortsrand von Gschnitz im hinteren Gschnitztal, idealer Ausgangspunkt für Bergwanderungen. Rustikale Zimmer, Hallenbad und Fitnessraum im Haus. ■ Gschnitz 62, 6150 Gschnitz, Tel. 05276 780 79, www.kirchdach.at

€€ | Lifestyle Panorama Hotel Erika Das Dreisterne-Superior-Hotel liegt etwas oberhalb der Talstraße kurz vor Neustift und bietet neben geschmackvoll renovierten Zimmern mit viel Holz einen Wellnessbereich mit beheiztem Panoramapool. ■ Elferweg 22, 6167 Neustift, Tel. 05226 23 76, www.erika.at

Seefeld 33

€€ | Hotel Lärchenhof Etwas außerhalb des Zentrums in schöner Aussichtslage stehendes Viersternehotel mit Hallenbad, Sauna und großer Dachterrasse. Zum Angebot gehören geführte Wanderungen und Radtouren sowie Yogastunden. ■ Geigenbühelstr.203, 6199 Seefeld, Tel. 05212 23 83, www.hotel-laerchenhof-seefeld.com

€€€ | Hotel Nidum Elegantes neues Wellnesshotel in eindrucksvoller Panoramalage über dem Inntal am Ortsrand vom Mösern. Großer Spabereich mit Außenpool und Saunalandschaft. 57 elegante Zimmer und Suiten. ■ Am Wiesenhang 1, 6100 Mösern, Tel. 05212 203 00, www.nidum-hotel.com

Leutasch 34

€ | Tirol Camp Komfortable Anlage mit Stellplätzen, geräumigen Zimmern und Blockhäusern, Pool und Saunawelt. ■ Reindlau 230b, 6105 Leutasch, Tel. 05214 657 00, www.tirol.camp.at

€€ | Raffl's Hotel Preisgünstiges Viersternehotel im nicht überladenen Tiroler Stil mit Wellnessbereich. Im Sommer E-Bike Verleih; im Winter sind es nur wenige Schritte zur Loipe. ■ Weidach 314a, 6105 Leutasch, Tel. 05214 663 40, www.rafflshotel.at

Sellraintal mit Kühtai 35

€ | Alpengasthof Praxmar Rustikaler Gasthof mitten in der Natur, ideal als Ausgangspunkt für Wanderungen und Skitouren. ■ Praxmar 8, 6184 St. Sigmund im Sellrain, Tel. 05236 212, www.praxmar.at

€ | Gasthof Ruetz Klassisches Gasthaus in St. Sigmund etwas abseits der Straße mit einfachen, aber gemütlichen Zimmern und guter regionaler Küche. ■ St. Sigmund 31, 6184 St. Sigmund, Tel. 05236 510, www.gasthof-ruetz.at

ADAC *Das besondere Hotel*

Natterer See Resort Safari-Feeling in Tirol: Am Natterer See, einem malerischen Waldsee 7 km südwestlich von Innsbruck, kann man Safari-Lodge-Zelte auf Stelzen mieten, zu denen eine Panoramaterrasse mit gemütlichen Lounge-Möbeln und ein großer Barbecue-Grill gehört. Es gibt auch Wood Lodges, die in Hanglage in einem lichten Wäldchen stehen.
€€ | Natterer See 1, 6161 Natters, Tel. 0512 54 67 32, www.natterersee.com

Zwischen Schwaz und Rattenberg

Im unteren Inntal liegen einige der ältesten Städte Tirols; in den Seitentälern bieten sich beste Möglichkeiten für Wanderer und Skifahrer

Das dicht besiedelte untere Inntal passieren die meisten nur auf der Durchreise – dabei verpassen sie kulturhistorische Sehenswürdigkeiten von Rang wie die mittelalterlichen Städte Schwaz und Rattenberg.

In den Seitentälern bieten sich Wanderern und Wintersportlern viele Möglichkeiten, so etwa im Achental mit dem Achensee, den man von der Inntalautobahn nordwärts fahrend auf einer kurvenreichen, steil ansteigenden Straße erreicht. Der mit 6 km² größte See Tirols liegt eingerahmt von Karwendel- und Rofangebirge und präsentiert sich als familienfreundliches Reiseziel für alle Jahreszeiten.

Gen Süden öffnet sich das breite Zillertal. Mit seinen Hauptorten Fügen, Zell am Ziller, Mayrhofen und Hintertux zählt es zu den beliebtesten Urlaubszielen Tirols und besitzt eine entsprechend gut ausgebaute Infrastruktur. Drei große Skigebiete, dazu das Gletscherskigebiet ganz hinten im Tuxer Tal, machen das Zillertal zu einer gefragten Winterdestination.

Das Alpbachtal mit seinen weiten Wiesen, sanften Hängen und urigen Almen ist ein ideales Urlaubsgebiet für Familien und Genusswanderer.

In diesem Kapitel:

ADAC Top Tipps:

5 Silberbergwerk Schwaz
| Bergwerksmuseum |
Nach der Einfahrt mit der Grubenbahn 800 m tief in den Berg erwarten Besucher in der »Mutter aller Bergwerke« eindrucksvolle Erlebnisse unter Tage. 40

6 Rattenberg
| Stadtbild |
Im gut erhaltenen mittelalterlichen Zentrum der kleinsten Stadt Tirols kann man Glasbläsern, -schleifern und -graveuren bei der Arbeit über die Schulter sehen. 51

ADAC Empfehlungen:

6 **ErlebnisSennerei Mayrhofen**
| Käserei-Besucherzentrum |
Wie beste Heumilch hergestellt und verarbeitet wird und wie sie schmeckt, erfährt man in der SchauSennerei und am Bauernhof. 45

7 **Alpbachtal**
| Tal |
In dem noch sehr ursprünglichen Tal liegt das wahrscheinlich schönste Dorf Tirols mit alten Bauernhöfen in Vollholzbauweise. 48

8 **Berglsteiner See**
| Bergsee |
Der einsame Bergsee oberhalb von Kramsach ist ein verstecktes Idyll, umgeben von Wald- und Schilflandschaft. Am Ufer kann man schön spazieren gehen und anschließend gut Fisch oder Wild essen. 50

9 **Landgasthof Linde**
| Traditionshotel |
Eines der ältesten Gasthäuser Tirols, in dem schon Andreas Hofer nächtigte. Die namengebende Linde im Hof wurde um 1740 gepflanzt. 52

9 Schwaz

Historische Bergwerksstadt mit mittelalterlichem Flair

Information

■ Tourismusverband Silberregion Karwendel, Münchner Str. 11, 6130 Schwaz, Tel. 05242 632 40, www.silberregion-karwendel.com

Die Bezirkshauptstadt im unteren Inntal hat eine lange Bergbautradition. Seit dem Mittelalter wurde hier Silber abgebaut, während seiner Blütezeit im 15. und 16. Jh. war Schwaz einer der bedeutendsten Bergbauorte Europas. Das Silber brachte Handel und Wohlstand, wovon noch heute die Pfarrkirche Maria Himmelfahrt zeugt, Tirols größte Hallenkirche. Ihr Dachstuhl trägt 15 000 Kupferschindeln mit 58 t Gewicht, die alle in Schwaz gegossen wurden. Vom Fuggerhaus aus leitete die einflussreiche Augsburger Kaufmannsfamilie zeitweise ihr weltumspannendes Handelsunternehmen. Die südöstlich auf einem Hügel thronende Burg Freundsberg beherbergt das Stadtmuseum.

Sehenswert

Silberbergwerk Schwaz

| Bergwerksmuseum |

5 *Größtes und ertragreichstes Silberbergwerk des Spätmittelalters*

An die 10 000 Knappen sollen im 16. Jh. in dem Bergwerk gearbeitet haben, das man heute im Rahmen von 90-minütigen Führungen besichtigen kann, inklusive Fahrt mit der Grubenbahn. Multimediastationen machen deutlich, welchen Gefahren die Knappen bei ihrer täglichen Arbeit ausgeliefert waren. Im angeschlossenen Silbershop kann man am Münzstock eigenhändig Silbertaler prägen.

■ Alte Landstr. 3a, www.silberbergwerk.at, Mai–Sept. tgl. 9–17, Okt.–April 10–16 Uhr, 17 €, erm. 15/10 €

Zeiss Planetarium Schwaz

| Weltraumshows |

Das kleine Planetarium in Schwaz entführt im klimatisierten Kuppelsaal mit bequemen Kippsesseln in den Weltraum. Das Programm beinhaltet neben astronomischen Vorführungen auch Multimediashows mit Musik und Sternenmärchen für kleine Besucher.

■ Alte Landstr. 15, www.planetarium.at, 10 €, erm. 9/8 €

Restaurants

€€ | **Himmelhof** Nur wenige Gehminuten vom Zentrum entfernt steht der gutbürgerliche Gasthof mit dem vielversprechenden Namen. Gekocht wird tirolerisch mit regionalen Zutaten, auch internationale Klassiker stehen auf der Karte. Rustikales Interieur, überdachter Gastgarten. ■ Swarovskistr. 19, Tel. 05242 623 10, Mo–Sa 11–23 Uhr

Kinder

Haus steht Kopf In Terfens 8 km südwestlich von Schwaz steht ein komplett eingerichtetes Haus Kopf und versetzt Besucher in die Fledermausperspektive: Der Fußboden ist oben, die Möbel hängen von der Decke, in der Garage kann man den VW Käfer von unten betrachten. ■ Stublerfeld 1, 6123 Terfens, www.hausstehtkopf.at, Mai, Juni, Sept., Okt. tgl. 10–17.30, Juli, Aug. 9–19, Nov.–April 10–16 Uhr, 7,50 €, erm. 6,50 €

Auf Schloss Tratzberg erfährt man, wie lebendig Geschichte sein kann

In der Umgebung

Schloss Tratzberg

| Museum |

Das von Spätgotik und Renaissance geprägte Schloss thront stolz über dem Inntal, schon von Weitem sichtbar. Zu den Hausherren zählten Kaiser Maximilian I. und die Fugger, heute residieren hier die Grafen Enzenberg. Mit Audioguide ausgerüstet, kann man die Innenräume mit ihrer original erhaltenen Ausstattung besichtigen. Höhepunkte sind der Arkadenhof und der Habsburgersaal, wo 148 Figuren auf einer Gesamtlänge von 46 m den Stammbaum der Herrscherdynastie darstellen. Man erreicht das Schloss vom Parkplatz aus zu Fuß (20 Min.) oder mit dem Tratzberg-Express, einem gemütlichen Bummelzug (8 Min.).

■ 6200 Jenbach, www.schloss-tratzberg.at, Ende März–Anf. Nov. tgl. 10–16 Uhr, 13,50 €, erm. 8 €

10 Achensee

Der leuchtend grün-blaue See wird auch »Fjord der Alpen« genannt

Information

■ Tourismusverband Achensee, Im Rathaus 387, 6215 Achenkirch am Achensee, Tel. 05246 530 00, www.achensee.com

Der größte See Tirols sieht so aus, wie man sich einen Bergsee vorstellen mag. Auf gut 9 km Länge zieht er sich mit einer langen Rechtskurve durch die Landschaft, ist maximal 1 km breit und hat etwa 6 km² Fläche. Sein Aussehen erinnert ein wenig an norwegische Fjorde. Die Uferpassagen sind meist schmal und steil, etwas mehr Fläche gibt es am Süd- und Nordrand. Die Hauptorte sind Maurach mit Seilbahnverbindung ins östlich gelegene Rofangebirge und Pertisau mit schö-

Im Blickpunkt

Tiroler Steinöl

Eine Besonderheit der Achensee-Region ist das Tiroler Steinöl. Über Millionen Jahre unter Sauerstoffausschluss abgelagertes organisches Material bildet die Basis für den Ölschiefer, aus dem schon seit dem Mittelalter das »schwarze Gold der Alpen« hergestellt wird. Im Bächental im Karwendelgebirge wird der Schiefer im Tagebau gewonnen, zerkleinert und in Schachtöfen erhitzt, wobei ein Gas freigesetzt wird, das dann kondensiert. Das so tropfenweise gewonnene Öl wird zu Kosmetik- und Hautpflegeprodukten verarbeitet.

ner Seepromenade und Bergbahn auf den Zwölferkopf. Bei Achenkirch im Norden gibt das Heimatmuseum im Sixenhof einen Eindruck vom früheren Leben am See.

Sehenswert

Sixenhof

| Heimatmuseum |

In Achenkirch steht der historische Bauernhof, der heute das Heimatmuseum beherbergt. Ausgestellt sind auf drei Etagen viele Exponate zum Alltag vergangener Zeiten am Achensee, zu Jagd, Fischerei, Handwerk, Holzwirtschaft und auch zur Schifffahrt und zum Feuerwehrwesen. Von Ende Nov. bis Ende Dez. kann man im Sixenhof die Tiroler Bergweihnacht erleben.

■ Achenkirch 26, 6215 Achenkirch, www.sixenhof.at, Mai–Okt. tgl. 13–17 Uhr, 4,50 €, Kinder frei

Vitalberg Museum

| Steinöl-Museum |

Das in Pertisau in einem gläsernen Berg untergebrachte private Museum informiert über Herkunft und Anwendungsmöglichkeiten des Tiroler Steinöls, das die Familie Albrecht hier seit 1902 nunmehr in der vierten Generation gewinnt. Ein Audioguide geleitet vorbei an Exponaten wie einem prähistorischen Steinschlegel, Fossilien und dem Nachbau einer Schwelanlage. Im Shop kann man Steinölprodukte testen und erwerben. Von Juli bis Anfang Oktober werden auch geführte Wanderungen zur Steinölbrennerei im Bächental angeboten.

■ Tiroler Steinöl Weg 10, 6213 Pertisau, www.steinoel.at, Mai–Nov. tgl. 9–17.30, Dez.–April 10–16.30 Uhr, 8,50 €, erm. 4,30 €

Achenseer Museumswelt

| Heimatmuseum |

Nicht nur ein Museum, sondern ein regelrechtes Museumsdorf kann in Maurach besichtigt werden. Entstanden ist es aus einer Sammlung historischer Traktoren, die es nach wie vor gibt und die um eine Ausstellung zum früheren Leben der Bergbauern am Achensee und um Exponate zur Achenseebahn erweitert wurde. Dazu gibt es eine Sammlung mit historischem Spielzeug, eine Feuerwehrausstellung und den Nachbau eines alten Polizeireviers. Hauptattraktion für Kinder ist die Miniatur-Wunderwelt, wo man per Knopfdruck Gondeln und Bahnen in Bewegung setzen kann.

■ Museumsweg 3–9, 6212 Maurach, www.achenseer-museumswelt.at, Mai–Juni Mi, Fr, So, Fei 13.30–17 Uhr, Juli–Okt. Di–So, Ende Dez.–März Mi, So, Fei, 7 €, Kinder bis 8 Jahre frei

Verkehrsmittel

Achenseeschiffahrt Von April bis Oktober kann man mit der Achenseeschiffahrt Bootsausflüge auf dem See unternehmen. Zwischen Seespitz im Süden und Scholastika im Norden werden sechs Stationen angefahren. Besonders beliebt ist am Westufer die Station Gaisalm mit dem gleichnamigen beliebten Ausflugslokal. Von Pertisau führt auch ein Wanderweg zur Gaisalm, allerdings mit einigen ausgesetzten Stellen. ■ Seepromenade 36, 6213 Pertisau, www.tirolschiffahrt.com, Seerundfahrt 21 €

Rofan-Seilbahn Von Maurach geht es mit der großen Kabinenseilbahn zur Erfurter Hütte auf 1831 m Höhe. Dort starten Wanderungen ins Rofangebirge, etwa zur Dalfazalm, zur Rofanspitze, zum Sagzahn oder zum Hochiss. Auf dem Gschöllkopf gibt es auf 2036 m Höhe eine 360-Grad-Aussichtsplattform, die einem Adlernest nachempfunden ist. Mit dem AirRofan Skyglider kann man dann im Flying Fox-Stil mit 80 km/h zurück zur Erfurter Hütte sausen (11 €, erm. 7,50 €). ■ 6212 Maurach, www.rofanseilbahn.at, Berg- und Talfahrt 21 €, erm. 12,50 €

Restaurants

€ | **Fischerwirt** Fangfrischer Achensee-Saibling, Forellen oder Seehecht gehören zu den Spezialitäten des Fischerwirts in Achenkirch. Das traditionsreiche Gasthaus sitzt ja auch direkt an der Quelle. Ansonsten ist die Küche klassisch regional, sind die Stuben typisch tirolerisch eingerichtet. ■ 6215 Achenkirch 15, Tel. 05246 62 58, www.fischerwirt.tirol, Do–Di 8–23 Uhr

Events

Karwendelmarsch Pertisau ist das Ziel einer der größten Veranstaltungen in der Region. Jedes Jahr im August findet der Karwendelmarsch statt, bei dem 2500 Teilnehmer von Scharnitz aus 35 bzw. 52 km durch die Berge bis nach Pertisau am Achensee wandern, walken oder laufen. ■ www.karwendelmarsch.info

Sport

Atoll Achensee Im Sommer 2018 eröffnete das neue Freizeitzentrum in Buchau mit Panoramabad, Sauna und Fitnesscenter mit Bergblick, Boulder-

ADAC *Mobil*

Achensee Dampf-Zahnradbahn

Seit rund 130 Jahren verkehrt die Achenseebahn zwischen Jenbach und Seespitz am Südende des Achensees. Für die 7 km lange Strecke braucht sie stolze 50 Min. und pfeift und dampft dabei nach Kräften. Aber es sind ja auch knappe 400 Höhenmeter und bis zu 18 % Steigung zu überwinden. Unterwegs schwelgt man in nostalgischen Gefühlen und sieht die eindrucksvolle Bergwelt an sich vorüberziehen. Wer möchte, kann in Seespitz aufs Boot umsteigen und die Landschaft aus der Wasserperspektive erleben.

Bahnhofplatz 1–3, 6300 Jenbach, Tel. 05244 622 43, www.achenseebahn.at, Ende April–Ende Okt. mind. 3 × tgl., Hin- und Rückfahrt 31 €, erm. 15,50 €, einfach 24/12 €

Seine Farbe ist karibisch, die Temperatur eher nordisch – der Achensee

halle und Eislaufplatz. ■ Achenseestr. 63, 6212 Maurach, www.atoll-achensee.com, Fitnesscenter und Bouldern tgl. 8–22, Sauna und Pool 10–22 Uhr, unterschiedliche Tarife siehe Website

Baden Strandbäder befinden sich in Achenkirch und Pertisau (mit Rutsche und Sprungturm), das Strandbad in Buchau bei Maurach ist wegen des seichten Wassers für Familien mit Kindern ideal. ■ Jederzeit frei zugänglich, nur das Parken ist gebührenpflichtig.

Wandern

Sonnenaufgangswandern am Achensee Von Anfang Juni bis Oktober kann man jeden Donnerstag an einer Sonnenaufgangswanderung von Maurach zur Astenau-Alpe teilnehmen, wo dann ein Bergsteigerfrühstück aufgetischt wird (Gehzeit ca. 4 Std., rund 500 Höhenmeter). Startzeit ist je nach Termin zwischen 3.30 Uhr und 5.30 Uhr, Anmeldung mind. 1 Tag vorher unter Tel. 059 53 00 oder wanderprogramm@achensee.com.

11 Zillertal

Neben viel Spaß und Action bietet Tirols bekanntestes Tal auch ruhige Plätze

Information

■ Zillertal Tourismus, Bundesstr. 27d, 6262 Schlitters, Tel. 05288 871 87, www.zillertal.at

Das Zillertal, das bei Strass südwärts vom Inntal abzweigt, zählt zu den bekanntesten und beliebtesten Tiroler Urlaubsregionen. Das liegt vor allem an der guten touristischen Infrastruktur mit mehreren Skigebieten im Winter, vielen Wander- und Radwegen im Sommer und einer sehr umfangreichen und vielseitigen Hotellerie. Eine 40 km lange Schnellstraße führt bis zum Hauptort Mayrhofen, wo auch die Zillertalbahn (www.zillertalbahn.at) endet. Hier zweigen die fünf Gründe ab, hochalpine Seitentäler. Am dichtesten besiedelt ist das Tuxertal, während es im Ziller-, Stillup-, Floiten- und Zemmgrund noch recht beschaulich zugeht. Hier wird vorwiegend Almwirtschaft betrieben. Naturliebhaber zieht es Richtung Ginzling im Zemmgrund. Das Bergsteigerdorf ist Ausgangspunkt für viele Bergtouren und Standort des Naturparkhauses. In dem modernen, aus Holz gezimmerten Bau sind neben der Tourismusinformation auch ein Museum und eine Bergsteigerbibliothek untergebracht.

Sehenswert

FeuerWerk

| Holzerlebniswelt |

Der den Ort Fügen dominierende Schnittholzproduzent Binder-Holz nahm 2004 eines der modernsten Biomasse-Heizkraftwerke Europas in Betrieb, das man im Rahmen von Führungen besichtigen kann. Ein Film informiert über den Werkstoff Holz.

■ Zillertalstr. 39, 6263 Fügen, www.binderholz-feuerwerk.com, Mai–Okt. Mo–Sa 9–16, Nov.–April Mo–Fr, Führung 10 €, erm. 4 €, Film 3/1,50 €

Zillertaler Höhenstraße

| Panoramastraße |

Eindrucksvolle Bergerlebnisse ohne körperliche Anstrengung ermöglicht die Zillertaler Höhenstraße, die auf 48 km ebenso kurven- wie aussichtsreich von Hippach nach Ried führt. Ihr höchster Punkt liegt auf 2020 m, es gibt fünf Auffahrten. Entlang der Strecke geben mehrere Berggasthöfe Gelegenheit zur Einkehr und zu kurzen Wanderungen.

■ www.zillertaler-hoehenstrasse.com, Mai–Okt., Maut Pkw 8 €, Motorrad 5 €

Erlebnisberg Ahorn

| Alpiner Freizeitpark |

Nicht weit von Mayrhofens Zentrum startet die moderne große Kabinenbahn hinauf zum Ahorn mit der Bergstation auf 1900 m Höhe. Erlebnisberg heißt der Ahorn wegen seiner Gastronomie und der Adlerbühne, bei der Greifvögel waghalsige Flugmanöver vorführen. Für Familien mit Kindern konzipiert ist der Genießerrundweg mit dem Ahornsee, Spielzonen, Wasseroasen entlang dem Ahornbachl und der Aussichtsplattform Adlerblick. Wanderungen führen zur Edelhütte, zum Filzenköpfl oder – anspruchsvoller – zur Ahornspitze.

■ www.mayrhofner-bergbahnen.com

Naturpark Zillertaler Alpen

| Naturschutzgebiet |

Bei Mayrhofen beginnt das Gebiet des Naturparks Zillertaler Alpen, das ein Areal von 379 km² umfasst und bis auf 3509 m Höhe reicht. Das Gebiet umfasst rund 80 Gletscher und viele populäre Gipfel und Routen wie den Berliner Höhenweg mit der legendären Berliner Hütte. Im Sommer gibt es ein Programm mit geführten Wanderungen u. a. zur Botanik oder zum Kräutersammeln.

■ www.naturpark-zillertal.at

ErlebnisSennerei Zillertal

| Käserei-Besucherzentrum |

6 *Hier dreht sich alles um Heumilch und ihre Verarbeitung*

In der Käserei kurz vor dem Ortseingang von Mayrhofen kann man im SchauBauernhof einen Einblick in die

ADAC *Wussten Sie schon?*

Obwohl in Oberndorf bei Salzburg komponiert, wurde das Weihnachtslied **»Stille Nacht, heilige Nacht«** Anfang des 19. Jh. von Fügener Sängerfamilien in die Welt hinausgetragen. Sie traten in Tracht gekleidet auf Plätzen und Bühnen von London bis St. Petersburg auf. Inzwischen wurde »Stille Nacht« in mehr als 100 Sprachen übersetzt. Ursprünglich gab es sechs statt drei Strophen – diese Originalversion wird noch heute bei der Christmette in Fügen gesungen.

Im Blickpunkt

Die Bergsteigerlegende Peter Habeler

Berühmt gemacht hat Peter Habeler die Erstbesteigung des Mount Everest 1978 ohne zusätzlichen Sauerstoff zusammen mit Reinhold Messner. Kein anderer Alpinist repräsentiert so eindrucksvoll seine Tiroler Heimat wie der gebürtige Mayrhofner, der auch heute noch sportlich unterwegs ist. Das bewies er auch mit der Durchsteigung der Eiger Nordwand im April 2017, kurz vor seinem 75. Geburtstag. Habeler hat fünf Achttausender bezwungen, seine besondere Liebe gilt aber den heimatlichen Zillertaler Bergen, die er in seiner Ski- und Bergschule auch Gästen näherbringt.

alpine Landwirtschaft bekommen, in der SchauSennerei durch große Glasfenster bei der Käseherstellung zusehen und anschließend Produkte von der Frischmilch über Fruchtjoghurts bis zum würzigen Heumilchkäse kosten, die im Shop auch zu erwerben sind. Das Restaurant Sennereiküche serviert Spezialitäten wie Kaspressknödel oder Graukässuppe.

■ Hollenzen 116, 6290 Mayrhofen, www.erlebnissennerei-zillertal.at, tgl. 9–17, Restaurant bis 18.30 Uhr, Führung 12 €, erm. 6 €, mit Verkostung 18,90/12,90 €

Schlegeis-Speicher

| Stausee |

Der auf 1782 m gelegene Schlegeis-Speicher am Ende der mautpflichtigen Straße durch das hintere Zemmtal ist ein beliebtes Ausflugsziel. Hier beginnen Bergwanderungen wie die Tour zur Olpererhütte (1,5 Std.), genauso weit entfernt ist das Pfitscher Joch, der Übergang ins Südtiroler Pfitscher Tal. Auch kürzere Spaziergänge am Seeufer und Führungen ins Innere der 131 m hohen Staumauer sind möglich (Juni–Okt. tgl. 10–16 Uhr zur vollen Stunde, Treffpunkt am Bergrestaurant Schlegeis). Es gibt zudem einen Staumauerklettersteig, eine Abseilstation und einen Flying Fox.

■ Mautstraße Mitte Mai–Ende Okt., Pkw 12,50 €, Motorrad 8,50 €

Restaurants

€–€€ | Gasthof Karlsteg Beliebter Gasthof an der Straße von Mayrhofen nach Ginzling kurz nach dem Tunnel. Gute regionale Küche mit Zutaten von den Bauern der Region und vom Längauhof mit Bioanbau. Im Haus gibt es auch Zimmer für Übernachtungsgäste. ■. 6295 Ginzling, Tel. 05286 52 50, www.karlsteg.at, tgl. 7–22 Uhr

€€ | Metzgerwirt Das alteingesessene Gasthaus in Uderns nahe der Zillertalstraße ist bekannt für hochwertige regionale Küche. Traditionsbetrieb mit klassischem Interieur. Produkte der eigenen Metzgerei kann man vor Ort kaufen. ■ Dorfstr. 6, 6271 Uderns, Tel. 05288 625 59, www.dermetzgerwirt.at, Di–Fr 11.30–14, Mi–Sa 17.30–21 Uhr

€€€ | Kristallhütte und Wedelhütte Lifestyle am Berg: Zwei neue, großzügige Hütten im Gebiet Hochzillertal mit Gourmetküche, DJ-Auftritten und anderen Events sowie gediegenen Zimmern. Im Sommer wie im Winter sehr gefragt. ■ 6272 Kaltenbach, Tel. 0676 88 63 25 70, 0676 88 63 24 00, www.kristallhuette.at, www.wedelhuette.at

Einkaufen

Dahoam Bioladen in Kaltenbach mit Erzeugnissen der heimischen Landwirtschaft von Fleisch und Käse über Öle und getrocknete Kräuter bis zu Schnäpsen und Gin aus Bio-Wacholderbeeren. ■ Schmiedau 2, 6272 Kaltenbach, www.bauernladen-dahoam.tirol, Mo–Fr 8–12, 14–18, Sa 8–13 Uhr

Kinder

Zillertaler Erlebnistherme Eltern können in der Sauna oder im Dampfbad entspannen, während der Nachwuchs die 133 m lange Röhrenrutsche oder die neue Reifenrutsche hinabsaust. Strömungskanal und Wellenbecken, verschiedene Hüpfpolster und ein Kletternetz über dem Wasser lassen keine Wünsche offen. ■ Badweg 1, 6263 Fügen, www.erlebnistherme-zillertal.at, 2 Std. 9.30 €, erm. 6,50 €, 3 Std. 12/10,40 €, Tageskarte 21,80/15,20 €

Sport

Ewige Jagdgründe Direkt an der Schlegeisstraße befindet sich dieses mittlerweile legendäre Kletter- und Bouldergebiet. Rund um fünf große Granittürme stehen 136 Routen vom dritten bis zum elften Schwierigkeitsgrad zur Auswahl.

Hintertuxer Gletscher Österreichs einziges ganzjähriges Gletscherskigebiet liegt im hintersten Tuxertal. Neben Pisten bis auf 3050 m Höhe gibt es eine Funslope, einen Snowboard-Park und Angebote für Kids. Von der Bergstation des Gletscherbus 3 gelangt man zum Natur Eis Palast, einer natürlichen Gletscherspalte, die sich zu Fuß, per Boot oder mit dem SUP Board erkunden lässt (ab 21 €, erm. 13 €). Im Sommer kann man den Olperer besteigen, an geführten Gletschertouren teilnehmen oder die Spannagelhöhle besichtigen. ■ www.hintertuxergletscher.at

Die ErlebnisSennerei Zillertal führt vor, wie Käse, Butter, Joghurt & Co. hergestellt werden

Zillertalradweg Der familienfreundliche Weg führt auf 31 km am Ziller entlang von Strass nach Mayrhofen. Unterwegs gibt es mehrere Freibäder und Spielplätze.

Wandern

Berliner Hütte Eine Berühmtheit ist diese denkmalgeschützte Hütte, die eigentlich keine Hütte, sondern ein Berghotel ist. 1879 erbaut und über die Jahre erweitert, bietet sie heute auf 2042 m Höhe über dem Zemmgrund viel Atmosphäre mit dem nostalgischen Interieur inklusive alter Holzvertäfelungen, eindrucksvollem Foyer und 5 m hohem Speisesaal. Hinauf gelangt man vom Gasthaus Breitlahner nahe Ginzling in etwa 3 Std. Noch grandioser als von hier ist der Panoramablick vom nahen Schwarzsee (ca. 1 Std.). ■ Anfang Juni–Ende Sept., Tel. 0676 705 14 73, www.berlinerhütte.at

ADAC *Mittendrin*

Das größte Trachtenfest nicht nur Tirols, sondern ganz Österreichs ist das **Gauder Fest** bei Zell am Ziller Anfang Mai. Seit 2014 zählt es zum immateriellen UNESCO-Weltkulturerbe. Ein Wochenende lang dreht sich alles um Tiroler Tradition, gibt es einen Umzug mit Trachtengruppen und geschmückten Wagen, Volksmusik, Ranggelturniere, den Gauder-Markt mit Zillertaler Spezialitäten und ein eigens gebrautes Starkbier, den Gauder-Bock. Samstags finden eine Zuchttierausstellung und eine Feldmesse statt.
www.gauderfest.at

12 Alpbachtal

7 *Weite Wiesen, sanfte Hänge und blumenreiche Almen*

Information

■ Alpbachtal Seenland Tourismus, Zentrum 1, 6233 Kramsach, Tel. 05337 212 00, www.alpbachtal.at

Wenn vom Alpbachtal die Rede ist, dann geht es meistens um das Dorf selbst. Alpbach ist eine Berühmtheit mit zahlreichen Auszeichnungen wie dem Titel »Schönstes Dorf Österreichs« oder »Schönstes Blumendorf Europas«. Bekannt ist es auch für das alljährlich stattfindende Europäische Forum Alpbach, ein Kongress der Politiker, Wissenschaftler und Wirtschaftsbosse. Zum Alpbachtal gehören aber auch das beschauliche Inneralpbach am Talschluss, das sonnig gelegene Reith und Brixlegg. Genusswanderer sind hier gut aufgehoben.

Sehenswert

Alpbacher Bergbauernmuseum
| Heimatmuseum |
Ein am Waldrand gelegener Bauernhof aus dem 17. Jh. mit Stall und Scheune beherbergt das Bergbauernmuseum in Inneralpbach. Innen gibt es rund 800 Einrichtungs- und Gebrauchsgegenstände zu sehen, die einen Eindruck vom kargen Leben der einstigen Bewohner geben. In der holzvertäfelten Stube steht ein alter Kachelofen, im Schlafzimmer das einzige noch existierende Alpbacher Himmelbett.
■ Vorder-Unterberg 34, 6236 Alpbach, Mitte Mai–Okt. Mo, Do, So 13–17 Uhr, 3 €, erm. 1,50 €

Restaurants

€ | **Alpengasthof Roßmoos** Ein Bilderbuchgasthaus oberhalb von Alpbach mit herrlichem Blick auf das Tal. Gute Tiroler Küche mit Zutaten aus der heimischen Landwirtschaft. Im Haus gibt es auch stilvolle Gästezimmer. ■ Alpbach 92, 6236 Alpbach, Tel. 05336 53 05, www.rossmoos.at, Mi–Mo 11.30–13.45, 18–20.45 Uhr

Einkaufen

Giesswein Trendstore & Outlet Im Gewerbegebiet von Brixlegg unterhält der bekannte Walk- und Strickwarenhersteller einen Fabrikverkauf. Hier gibt es Tirolerisches von Hausschuhen über Trachtenjanker bis zu Wolldecken und Kissenbezügen. ■ Niederfeldweg 5–7, 6230 Brixlegg, www.giesswein.com, Mo–Fr 9.30–18, Sa 9.30–13 Uhr

13 Kramsach

Den Ort im unteren Inntal umgibt eine wasserreiche Seenlandschaft

Kramsach wird wegen der warmen Badeseen im Umland auch als »Tirols Badewanne« bezeichnet. Der größte und wärmste ist der Reintaler See mit Bootsverleih und gepflegten Liegewiesen. 5 km vom Ortskern entfernt liegt das Museum Tiroler Bauernhöfe. Auf dem Museumsfriedhof im Ortsteil Hagau stehen Grabkreuze mit humorvollen Inschriften.

Information

■ Tourismusbüro Kramsach, Zentrum 1, 6233 Kramsach, Tel. 05337 212 00 20, www.kramsach.info

Almen im Alpbachtal: sanfter Tourismus im wahrsten Sinne des Wortes

Sehenswert

Museum Tiroler Bauernhöfe
| Freilichtmuseum |
Tirols größtes Freilichtmuseum nahe dem Reintaler See zählt zu den beliebtesten Ausflugszielen der Region. 14 Bauernhöfe und 23 Nebengebäude aus allen Talschaften Tirols wurden abgetragen und auf dem 9 ha großen Museumsgelände originalgetreu wieder aufgebaut. Ein 4 km langer Rundweg mit Erlebnisstationen für Kinder führt durch das Areal. Das große Veranstaltungsangebot umfasst Kurse im Klöppeln, Spinnen oder Kerzenziehen. ■ Angerberg 10, 6233 Kramsach, www.museum-tb.at, Mai–Sept. tgl. 9–18, April, Okt. 9–17 Uhr, 8 €, erm. 2,80 €

Museumsfriedhof Kramsach

| Grabkreuzmuseum |

»Hier liegt in süßer Ruh, erdrückt von einer Kuh, Franz Xaver Maier«, oder: »Hier schweigt Johanna Vogelsang, sie zwitscherte ihr Leben lang« – diese und viele ähnlich skurrile Inschriften kann man auf über 100 Grabkreuzen lesen, die der Steinmetzmeister und Sagzahnschmied Hans Guggenberger gesammelt und auf dem Gelände am südlichen Ortsrand von Kramsach aufgestellt hat.

■ Hagau 82, 6233 Kramsach, www.museumsfriedhof.info, Di–So 9–17 Uhr, Eintritt frei, Spende erbeten

Skulpturenpark Kramsach

| Freiluftkunst |

Auf einem 8000 m² großen Areal an der Brandenberger Ache wurden Großplastiken des Kramsacher Künstlers Alois Schild aufgestellt, die als Symbiose zwischen Kunst und Natur konzipiert sind. Im Park finden auch Ausstellungen und Konzerte statt.

■ Mariatal, 6233 Kramsach, www.aloisschild.at, jederzeit frei zugänglich

ADAC *Spartipp*

Viele Gratisleistungen bietet die Gästekarte **Alpbachtal Seeland Card,** die man bei Ankunft umsonst vom Vermieter erhält: Nutzung des Regiobusses Unterinntal und der Bergbahnen in Alpbach und Reith, Eintritt in viele Schwimmbäder und Badeseen, geführte Wanderungen und Radtouren, Eintritt ins Museum Tiroler Bauernhöfe und in den Museumsfriedhof Kramsach sowie ins Augustinermuseum Rattenberg.

Restaurants

€ | **Rohrerhof** Das nahe dem Tiroler Bauernhofmuseum gelegene Wirtshaus ist in einem Hof aus dem 16. Jh. untergebracht. Zu Tiroler Hausmannskost gibt es österreichische Weine und hausgemachte Schnäpse. Großer Gastgarten. ■ Angerberg 9, 6233 Kramsach, Tel. 05337 633 37, www.wirtshaus-rohrerhof.at, Palmsonntag–Ende Okt. tgl. 9–18 Uhr, im Okt. Mo geschl.

Wandern

8 **Berglsteiner See** Eine verborgene Naturschönheit ist der fischreiche See, der einsam im Wald oberhalb von Kramsach liegt. Man kann vom Parkplatz am Reintaler See aus hinwandern oder das Auto nehmen und nur einen Spaziergang am Ufer unternehmen. Zur Einkehr lädt anschließend ein gemütliches Gasthaus mit über dem See schwebender Sonnenterrasse (Mi–So 9–18 Uhr). ■ www.berglsteinersee.com

In der Umgebung

Brandenberg

| Bergdorf |

Ein pures Idyll ist das beschauliche Dorf auf einem sonnenreichen Hochplateau nördlich von Kramsach. Ganz in der Nähe kann man die von der Brandenberger Ache durchflossene Kaiserklamm und die Tiefenbachklamm durchwandern. Eine lokale Spezialität ist die Brandenberger Prügeltorte, die traditionell über offenem Feuer zubereitet wird und einem Baumkuchen ähnelt, erhältlich u.a. bei der Konditorei Mader (Winkl 63, www.pruegeltorten.at, So geschl.).

Pastellfarbene Fassaden verbreiten in der Altstadt von Rattenberg südliches Flair

14 Rattenberg

6 *Tirols kleinste Stadt mit gut erhaltenem mittelalterlichen Kern*

Information

■ Tourist-Information Rattenberg, Parkplatz P1, Südtiroler Str. 34a, 6240 Rattenberg, Tel. 05337 212 00 50, www.rattenberg.at

Der von der Ruine der Burg Rattenberg überragte Ort direkt am Innufer ist ein Zentrum der Glasbläserei. In der Fußgängerzone findet man noch einige Traditionsbetriebe. Das gut erhaltene mittelalterliche Zentrum mit der Pfarrkirche St. Virgil und dem Notburga-Haus lädt zum Bummeln ein und verleiht auch den Schlossbergspielen im Juni und dem Rattenberger Advent einen besonderen Reiz.

Sehenswert

Augustinermuseum Rattenberg
| Kunstmuseum |

Im Augustinermuseum wird sakrale Kunst aus neun Jahrhunderten in stimmungsvollem Klosterambiente präsentiert. Auch architektonisch interessant sind die Hofer-Kapelle, die große Klosterkirche und der gotische Kreuzgang. Hier finden im Sommer viel besuchte Konzerte statt.

■ Klostergasse 95, 6240 Rattenberg, www.augustinermuseum.at, Mai–Okt. tgl. 10–17 Uhr, 5 €, bis 18 Jahre gratis

Parken

Wer unbeschwert durch die Fußgängerzone bummeln will, lässt sein Auto am besten auf einem der Parkplätze am Nord- oder Südrand des Ortes bei den Tunneleinfahrten stehen.

Übernachten

Als zwei der stärksten Tourismusregionen Tirols glänzen Achensee und Zillertal auch mit einem reichhaltigen Sortiment an Unterkünften. Das Angebot reicht von der einfachen Pension bis zur exklusiven Wellnessoase. Im Zillertal sollte man die Nähe zur stark befahrenen Bundesstraße meiden – es gibt weitaus attraktivere Adressen oberhalb der Orte.

Schwaz 40

€€ | **Gasthaus Schloss Mitterhart** Herrschaftliches Anwesen nahe dem Innufer direkt am Innradweg mit stilvollen Zimmern zu relativ günstigen Preisen, lauschigem Gastgarten und Kinderspielplatz. ■ Innhöfe 3, 6134 Vomp, Tel. 05242 632 85, www.schloss-mitterhart.at

€€€ | **Biohotel Grafenast** Hoch oben über Schwaz thront das traditionsreiche Biohotel in aussichtsreicher Lage. Mit vielen natürlichen Materialien ausgestattete Zimmer inklusive Dinkelpolster und Lärchenholzböden. Spa mit Sauna und Tepidarium. ■ Pillbergstr. 205, 6136 Pill/Schwaz, Tel. 05242 632 09, www.grafenast.at

Achensee 41

€€ | **Hotel Huber Hochland** Das familiär geführte Dreisternehotel liegt zentral und doch ruhig in einer Nebenstraße in Maurach, ziemlich nah am See. Klassisches Interieur, regionale Küche und ein Wellnessbereich mit Pool, Sauna und Dampfbad. ■ Ebener Str. 9, 6212 Maurach, Tel. 05243 5311, www.hotelhuber.at

€€ | **Wagnerhof** Viersternehotel im klassischen Tiroler Stil nahe des Seeufers in Pertisau. Wellnessbereich mit Sauna und Dampfbad. ■ Wagnergasse 2, 6213 Pertisau, Tel. 05243 52 77, www.wagnerhof.at

€€–€€€ | **Das Kronthaler** Elegantes Designhotel in ruhiger Lage in Achenkirch. Elegante Zimmer, großzügiger Wellnessbereich mit Innen- und Außenpool und Saunawelt. ■ Am Waldweg 105a, 6215 Achenkirch, Tel. 05246 63 89, www.daskronthaler.com

Zillertal 44

9 €€ | **Landgasthof Linde** Schön schlafen und dazu gut essen – für diese reizvolle Kombination steht der Landgasthof Linde im Zentrum von Stumm. Er blickt auf eine 500-jährige Geschichte zurück, bietet stilvolle und geräumige Zimmer mit viel Nostalgie. Die Küche wird u. a. von Gault-Millau überschwänglich gelobt. ■ Dorf 2, 6275 Stumm, Tel. 05283 22 77, www.landgasthof-linde.at

€€ | **Olympia-Relax-Hotel Leonhard Stock** Urlaub bei einem Olympiasieger – das gibt es im Zentrum von Finkenberg, wo der Abfahrtslauf-Sieger Leonhard Stock ein Viersterne-Wellnesshotel führt. Zum Haus gehören klassisch eingerichtete Zimmer und Suiten, Schwimmbad und Sauna und als Spezialität eine urige Almhütte als alpines Quartier oben am Berg. ■

Dorf 151, 6292 Finkenberg, Tel. 05285 626 88, www.olympiahotel.at

€€ | Sportresidenz Zillertal Elegantes Boutiquehotel der gehobenen Kategorie direkt neben dem Golfplatz in Uderns im äußeren Zillertal. Geräumige, komfortable Zimmer und Suiten. Gut bestückter Spabereich inklusive Dachpool. ■ Golfstr. 1, 6271 Uderns, Tel. 05288 630 00, www.sportresidenz.at

€€€ | Alpin Lodge – das Zillergrund Mountain Aktiv Relax Hotel Viel Natur und Ruhe, dazu modernes Design und einen großzügigen Wellnessbereich auf 2500 m² bietet das Viersternehotel 2 km außerhalb von Mayrhofen im Zillergrund. Modernes Interieur mit vielen natürlichen Materialien. ■ Zillergrund 903, 6290 Mayrhofen, Tel. 05285 623 77, www.zillergrund.at

€€€ | Wedelhütte Viersterne-Luxushütte auf 2350 m Höhe im Gebiet Hochzillertal oberhalb von Kaltenbach mit 12 Zimmern und Suiten. Ähnlich exklusiv ist die benachbarte Kristallhütte. ■ 6272 Kaltenbach, Tel. 0676 88 63 25 70, www.wedelhuette.at

Alpbachtal 48

€€ | Alpbacher Hof Viersternehotel in schöner und zentraler Lage in Alpbach mit gediegenen Zimmern und Suiten und ansprechendem Spa mit Innen- und Außenpool. ■ Alpbach 279, 6236 Alpbach, Tel. 05336 53 27, www.alpbacherhof.at

€€ | Gästehaus Larch In klassischem Tiroler Ambiente mit viel Holz, dazu in aussichtsreicher Südhanglage am Dorfrand wohnt man in dem Dreisterne-Gästehaus in Alpbach. Geräumige Zimmer und Ferienwohnungen. ■ Alpbach 737, 6236 Alpbach, Tel. 05336 58 75, www.gaestehaus-larch.at

€€ | Gästehaus Leirerhäusl In ruhiger und doch zentrumsnaher Lage beim Congress Centrum steht das typische Alpbacher Bauernhäusl, das heute ein Gästehaus ist. Sehr gemütliche Ferienwohnungen mit einem Schuss Nostalgie und familiärer Atmosphäre. ■ Alpbach 196, 6236 Alpbach, Tel. 05336 204 70, www.leirerhaeusl.at

€€ | Der Kirchenwirt Auf den ersten Blick ein klassisches Viersternehaus, bietet der Kirchenwirt auf den zweiten Blick einige Spezialitäten. So organisiert er als erstes Tanzhotel in den Alpen Tanzkurse und entsprechende Events, weiterhin Oldtimer-Veranstaltungen und -ausfahrten. Im Haus gibt es betont rustikales Ambiente und einen großen Wellnessbereich. ■ Dorf 3, 6235 Reith, Tel. 05337 626 48, www.kirchenwirt-tirol.at

€€€ | Hotel Schloss Matzen Pure Nostalgie bietet das Schloss bei Brixlegg mit seiner über 700 Jahre alten Geschichte und den 17 Zimmern und Suiten. Sauna und Dampfbad im Turm. Weitläufiger Schlosspark. ■ Matzen 5, 6235 Reith, Tel. 0676 445 99 97, www.schlossmatzen.at

Kramsach 49

€€ | Gasthof Ascherwirt Von Kramsach geht es nordwärts auf einer kurvenreichen Straße entlang der Brandenberger Ache bis zum idyllisch gelegenen Bergdorf Brandenberg. Der Ascherwirt ist ein typischer Tiroler Landgasthof mit ländlich-rustikaler Ausstattung und einer guten regionalen Küche. Brandenberg ist ein beliebter Ausgangsort für Touren zur Kaiser- und Tiefenbachklamm. ■ Brandenberg 17, 6234 Brandenberg, Tel. 05331 52 19, www.ascherwirt.at

Kitzbühel und Kufstein

Im Osten Nordtirols prägen die sanften Kitzbüheler Alpen und die Felszacken des Wilden Kaisers das Landschaftsbild

Kitzbühel und Kufstein sind die beiden Metropolen des Gebiets, das die Tiroler Unterland nennen. Es breitet sich ab Innsbruck innabwärts aus und ist nicht etwa flach, wie der Name vermuten lassen könnte – im Gegenteil: Zwar sind die Berge nicht ganz so hoch wie am Alpenhauptkamm etwa im hinteren Ötztal, aber majestätisch ragen sie dennoch in den Himmel. Der Wilde Kaiser zwischen Kufstein und Kitzbühel ist dafür das beste Beispiel. Im Grenzort Kufstein empfängt die über 800 Jahre alte Festung Besucher, die heute nicht mehr feindlich gesinnt sind. Die Gebirgszüge Zahmer Kaiser und Wilder Kaiser schotten die Gegend von den bayerischen Nachbarn ab, die trotzdem gerne und viel das Tiroler Unterland bereisen. Ein Zweitwohnsitz in Kitzbühel ist in der Münchner Society ein begehrtes Statussymbol. Wer es bodenständig mag, findet reizvolle Alternativen in der Wildschönau oder im noch weitgehend unentdeckten Pillerseetal.

In diesem Kapitel:

ADAC Top Tipps:

7 Festung Kufstein
| Burg |
Die mittelalterliche Festung thront eindrucksvoll über der Stadt, schöne Ausblicke auf Kufstein und die Tiroler Bergwelt bietend. Jeden Tag um 12 Uhr ertönt die Heldenorgel, die größte Freiluftorgel der Welt. ... 66

ADAC Empfehlungen:

10 Sollererwirt
| Historischer Gasthof |
Wirtshaus im schönsten Dorf der Wildschönau mit 350-jähriger Geschichte und Gaststube aus der Zeit der Tiroler Freiheitskämpfe. ... 57

11 Labalm-Rundgang
| Wanderung |
Genussvolle Wanderung im Landschaftsgebiet Spertental mit herrlichem Blick auf den Rettenstein mit seinen gewaltigen Felsabstürzen und toller Einkehr in der Labalm. ... 59

12 Streif

| Legendäre Skiabfahrt |

Die berühmt-berüchtigte Abfahrt an der Ostflanke des Hahnenkamms ist Kitzbühels meistbesuchte Sehenswürdigkeit. Im Sommer kann man sie vom Starthaus aus erwandern. 61

13 Jakobskreuz

| Aussichtspunkt |

Auf der 1456 hohen Buchensteinwand bietet das größte begehbare Gipfelkreuz der Welt von seinen vier Armen aus grandiose Ausblicke in alle Himmelsrichtungen. 63

15 Wildschönau

Entlegenes Hochtal mit vielen Almen und schönen alten Bauernhöfen

i Information

■ Wildschönau Tourismus, Oberau 337, 6311 Wildschönau, Tel. 05339 82 55, www.wildschoenau.com

Die Wildschönau ist ein sanftes, noch recht beschauliches Hochtal südlich von Wörgl zwischen Alpbach- und Brixental. Es zählt zu den almenreichsten Regionen Österreichs und besitzt 260 bewirtschaftete Bergbauernhöfe. Bis zum 19. Jh. wurde hier auch Bergbau betrieben. Heute dominiert der Tourismus, ist die Wildschönau ein beliebtes Wandergebiet und gibt es ein Skigebiet, das mit dem benachbarten Alpbachtal verbunden ist. Der Eingangsort zum Tal ist Niederau. Von dort führt die Straße aufwärts über Oberau und Mühldorf nach Auffach. Die Straße endet an der Schönangeralm, wo mehrere Wanderungen starten, es einen Gasthof und eine Schaukäserei gibt.

Sehenswert

Bergbauernmuseum z'Bach

| Heimatmuseum |

Direkt an der Talstraße im Oberauer Ortsteil Bach steht der stattliche Bauernhof aus dem späten 18. Jh., der seit 1997 ein Museum ist. Mehr als 1200 Exponate geben einen Eindruck vom Arbeitsalltag der Bergbauern: Werkzeuge zur Holzbearbeitung, Kämme

Der Sollererwirt in Thierbach hat noch eine Gaststube aus der Zeit der Freiheitskämpfe

zum Beerenpflücken, hölzerne Gefäße zum Butterwaschen. Zu sehen sind weiterhin mehrere Räume mit Originalausstattung: die Stube mit altem Kachelofen, Küche, Rauchstube und Schützenkammerl. In der Tenne finden Konzerte, Ausstellungen und ein wöchentlicher Markt mit Handwerksvorführungen statt.

■ Oberau 3, www.bergbauernmuseum.at, Mai, Juni und Mitte Sept.–Mitte Okt. Mi, So 12–17 Uhr, Juli–Mitte Sept. auch Mo, Jan.–April nur Mi, 3,80 €, erm. 3,10/1,60 €, mit Handwerkermarkt 5,60 €, erm. 4,90/2,50 €

Thierbach

| Bergdorf |

Das abgelegene Dorf auf 1180 m Höhe ist besonders ursprünglich und idyllisch. Um die Kirche scharen sich alte Bauernhöfe, eine archaische einklassige Volkschule und traditionsreiche Gasthöfe wie der Sollererwirt. Auf eine lange Geschichte blickt auch der Hörbiger Hof etwas außerhalb zurück, Stammsitz der Schauspielerfamilie Hörbiger und heute eine Jausenstation. Der Hausberg von Thierbach ist der Schatzberg, den man von Hinterthierbach aus erwandern kann.

Schaubergwerk Lehenlahn

| Bergwerksmuseum |

Im Stollenlabyrinth des mittelalterlichen Silberbergwerks erfährt man viel über die Arbeit der Knappen unter Tag. Neben Werkzeugen und verschiedenen Abbauarten werden auch Tiroler Edelsteine präsentiert, für Kinder gibt es den Märchenberg.

■ Sauluegweg, 6311 Thierbach, www.schatzbergwerk.at, Ende Mai–Mitte Juli, Anf. Sept.–Mitte Okt. Fr–So 13–16.30 Uhr, Mitte Juli–Anf. Sept. Mi–So, 9 €, erm. 4 €

ADAC *Spartipp*

Viele bleibende Urlaubserinnerungen zum Nulltarif beschert die im Übernachtungspreis enthaltene **Wildschönau Card.** Im Sommer sind Bergbahnen, Freibad und geführte Wanderungen inbegriffen, weiterhin der Besuch des Bergbauernmuseums und des Schaubergwerks. Im Winter kann man den Skibus und die Langlaufloipen kostenlos nutzen und Schneeschuhe leihen.

Restaurants

€€ | **Schönangeralm** Die Alm auf 1200 m Höhe östlich von Auffach ist ein beliebtes Wanderziel vor allem wegen der Schaukäserei, wo der bekannte Käser Johann Schönauer seine Kreationen von Butter bis Bergkäse präsentiert. ■ www.schoenangeralm.at, Mai–Okt. tgl. 9–18.30 Uhr

10 €€ | **Sollererwirt** Der traditionsreiche Gasthof steht mitten in Thierbach. Sehenswert ist die Speckbacherstube, in der Josef Speckbacher, Mitstreiter von Andreas Hofer, 1809 zum Widerstand aufrief. Tiroler Küche.

■ Dorf 19, 6311 Thierbach, Tel. 05339 89 13, www.wildschoenau-sollererwirt.com, Mai–Okt., So abends und Mo geschl.

Einkaufen

Krautinger Spezialität der Wildschönau ist der Krautinger, ein Rübenschnaps, der nur hier gebrannt werden darf. Im Oktober steht er im Mittelpunkt der Krautingerwoche, dann wird in vielen Restaurants auch mit der Krautingerrübe gekocht.

Wandern

Kundler Klamm Mühltal ist Ausgangspunkt für eine Wanderung durch die Kundler Klamm, die Wildschönau und Inntal verbindet. Steile Felsen und tosende Wassermassen begleiten den 3,5 km langen Weg.

Schatzberg Vom Schatzberg (Bergbahn ab Auffach) führt eine aussichtsreiche, nicht zu anstrengende Kammwanderung über die Joelspitze zum Lempersberg.

16 Brixental

In den unberührten Seitentälern wartet Naturerlebnis pur

Information

- Tourismusverband Kitzbüheler Alpen-Brixental, Dorfstr. 11, 6365 Kirchberg i. T., Tel. 057 507 20 00, www.kitzbueheler-alpen.com

Das von Wörgl Richtung Kitzbühel verlaufende Tal zählt zu den bestererschlossenen Urlaubsgebieten im Unterland. Vor allem im Winter sind die Orte Hopfgarten, Westendorf und Brixen gut besucht. Wer mehr Ruhe sucht, wechselt in die Nebentäler Kelchsau, Windautal und Spertental, die im Sommer beliebte Ziele für Wanderer und Biker sind. Die umliegenden Berge erreichen nur selten Höhen über 2000 m.

Sehenswert

Hopfgarten mit Hoher Salve

| Aussichtsgipfel |

Die Marktgemeinde Hopfgarten besitzt einen hübschen Ortskern mit engen gepflasterten Gassen und doppeltürmiger Barockkirche. Besucht wird sie aber vor allem wegen ihres Hausbergs, der Hohen Salve: ein markanter kegelförmiger Gipfel, zu dem eine Seilbahn hinaufführt. Oben bieten ein Panoramarundweg traumhafte Fernblicke. Die Johanneskapelle (auch Salvenkirchlein) ist die höchstgelegene Wallfahrtskirche Österreichs.

Kelchsau

| Tal |

Alte Bauernhöfe und Almhütten begleiten einen auf dem Weg durch die idyllische Kelchsau. Die rund 8 km lange Talstraße wird am Ende zur Mautstraße und teilt sich in den Kurzen und den Langen Grund – hier bieten sich im Sommer weitläufige Wandermöglichkeiten. Von der Tiefentalalm am schönen Talschluss des Langen Grundes startet eine lohnende Tagestour hinauf zum Torhelm. Im Kurzen Grund führt eine relativ gemütliche Tour zur Niederkaseralm. Das kleine Skigebiet Kelchsau ist vor allem bei Tourengehern beliebt.

Windautal

| Tal |

Von Westendorf aus zieht sich das rund 16 km lange Tal südwärts in die Berge hinein, durchflossen von der Windauer Ache, einem beliebten Wildwasserrevier. Zahlreiche Gasthöfe und bewirtschaftete Hütten machen die Windau zu einem beliebten Wandergebiet. Die Gamskogelhütte ganz hinten im Tal auf 1109 m Höhe wird vor allem von Bikern und E-Bikern angesteuert – hier gibt es eine Ladestation. Eisenbahnfans zieht es zur Windauer Schleife am Talausgang, einer Teilstrecke der Salzburg-Tiroler-Bahn, die das Tal zur Höhengewinnung nutzt.

Rast in der Sonne: Das Brixental bietet Routen für Genussradler und Extrembiker

Restaurants

€ | Gasthof Fuchswirt Schöner historischer Gasthof mit großer Sonnenterrasse und gemütlichen Stuben, neben Tiroler Spezialitäten stehen auch internationale Gerichte auf der Karte. ■ Oberdorf 11, 6361 Kelchsau, Tel. 05335 40630, www.fuchswirtkelchsau.at, Mi–Mo 11.30–19.30, Fr, Sa bis 21 Uhr

Einkaufen

Brennerei Erber Das Schnapsbrennen hat im Brixental eine lange Tradition. Auch die Familie Erber in Brixen hat bereits seit dem 16. Jh. das Brennrecht und produziert neben klassischen Bränden aus Mirabellen oder Vogelbeeren auch unkonventionelle aus Roggen oder Holunder. Zur Brennerei gehören ein Degustationskeller und ein Shop. ■ Dorfstr. 57, 6364 Brixen im Thale, www.erber-edelbrand.com, Mo, Di, Do, Fr 9–18, Mi 9–12, Sa 9–12.30 Uhr

Kinder

Alpinolino Entdeckerpark Eine Erlebniswelt vor allem für Kinder auf 1770 m Höhe oberhalb von Westendorf mit den beiden Themenwegen Himmelsteig und Holzwurmweg, zahlreichen Info- und Spielstationen, großer Doppelschaukel, Flying Fox und der Kugelbahn Spoggolino. ■ www.skiwelt.at, Bergbahn tgl. 8.30–17 Uhr

Wandern

11 **Labalm-Rundgang** Von Aschau führt ein reizvoller Rundwanderweg über Hintenbach- und Karalm zur Labalm. Sie liegt im Landschaftsschutzgebiet Spertental auf 1264 m Höhe, überragt vom Großen Rettenstein. Der Berggasthof Labalm serviert auf der Sonnenterrasse Tiroler Küche. Die Tour ist auch ideal für E-Biker. ■ www.labalm.at, Mitte Mai–Okt. tgl. 9–22 Uhr, Mai und Juni Di geschl.

Die Streif ist bekannt für atemberaubende Abfahrten und halsbrecherische Stürze

17 Kitzbühel

Vor allem im Sommer hat der Promiskiort auch beschauliche Seiten

i Information

■ Kitzbühel Tourismus, Hinterstadt 18, 6370 Kitzbühel, Tel. 05356 666 60, www.kitzbuehel.com

Kitzbühel gelangte im 16. Jh. durch Gold- und Silberfunde zu Wohlstand. Für erneuten Aufschwung sorgte der Wintersport, schon 1902 wurde der lokale Skiclub gegründet, und 1931 fand das erste Hahnenkammrennen statt, bis heute Highlight der Saison. Skihelden wie Toni Sailer und Hansi Hinterseer brachten den Ort international in die Schlagzeilen. Im Winter ist Kitzbühel eine exklusive und teure Nobeldestination, im Sommer geht es deutlich ruhiger und bodenständiger zu. Zum hübschen Stadtbild gehören ganzjährig historische Bürgerhäuser und exklusive Geschäfte. Die Schickeria wohnt bevorzugt auf der Sunnseitn an den Hängen des Kitzbüheler Horns.

Sehenswert

Museum Kitzbühel

| Heimatmuseum |

Das Werk von Alfons Walde, dem berühmten Tiroler Maler, ist ein zentrales Thema in dem modern gestalteten Museum im Zentrum von Kitzbühel. Es ist einem mittelalterlichen Getreidespeicher neben der Bezirkshauptmannschaft untergebracht. Zu sehen sind weiterhin archäologische Funde, volkskundliche Exponate und eine interessante Ausstellung zur Geschichte des Wintersports.

■ Hinterstadt 32, www.museum-kitzbuehel.at, tgl. 10–17, Do 10–20 Uhr, 6,50 €, bis 18 Jahre frei

Kitzbüheler Horn

| Ausflugsberg |

Als Ausflugsberg hat das markante Kitzbüheler Horn seine Qualitäten. Und das nicht nur wegen der tollen Aussicht vom Gipfel. Zwischen den Bergstationen der beiden Horn-Bahnen verläuft ein Wanderweg, der an einem großen Kinderspielplatz beim Restaurant Alpenhaus und am Alpenblumengarten vorbeiführt. Er liegt auf 1880 m Höhe und umfasst über 300 Pflanzen auf rund 20 000 m² Fläche.

■ Anfahrt auf der Panoramastraße, Mitte Mai–Okt. tgl. 9–17 Uhr, Maut Pkw 10 €, pro Pers. 3 €, oder mit der Horn-Bahn, tgl. 8.30–17 Uhr, Berg- und Talfahrt 25,50 €, erm. 14/8,90 €

Streif

| Legendäre Skiabfahrt |

12 *Anspruchsvolle Skirennstrecke, die keinen Fehler verzeiht*

Die berühmt-berüchtigte Abfahrt an der Ostflanke des Hahnenkamms ist Kitzbühels meistbesuchte Sehenswürdigkeit. Die 3,3 km lange Piste kann im Winter in einer zivileren Version mit Ski befahren werden und ist im Sommer ein Wanderweg, den Infotafeln und Videoscreens begleiten. Allein der Blick vom Starthaus aus der Abfahrtsläuferperspektive hinunter Richtung Mausefalle ist ein Erlebnis.

■ www.hahnenkamm.com, Hahnenkammbahn tgl. 8.30–17 Uhr, im Sommer Sa, Fr Abendfahrten, Berg- und Talfahrt 25,50 €, erm. 14/8,90 €

Restaurants

€€ | Berggasthof Hagstein Eine schmale, kurvenreiche Straße führt hinauf zu dem rustikalen Berggasthof, die Gehzeit vom Zentrum beträgt etwa 1 Std. Belohnt wird man mit einer spektakulären Sicht auf Kitzbühel und den Hahnenkamm, mit Hüttenatmosphäre und einer guten Tiroler Küche. ■ Hagsteinweg 95, Tel. 05356 652 16, www.gasthof-hagstein.at

€€ | Huberbräu Stüberl Sehr zentral in der Vorderstadt gelegenes Gasthaus mit erschwinglicher gutbürgerlicher Küche. Dazu schmeckt das Bier aus der eigenen Brauerei. Günstige Tagesmenüs. ■ Vorderstadt 18, Tel. 05356 656 77, tgl. 11–21.45 Uhr

Kneipen, Bars und Clubs

The Londoner Original englischer Pub, schon seit über 40 Jahren vor allem im Winter ein legendärer Treff und Garant für gute Stimmung. ■ Franz-Reisch-Str. 4, Tel. 05356 714 27, tgl. 16–4 Uhr

Im Blickpunkt

Hansi Hinterseer – Vom Skistar zum Sänger

Skifahren und volkstümliche Musik sind zwei Themen, die in Tirol nicht ganz unwichtig sind. Niemand verkörpert das besser als Hansi Hinterseer. Der gebürtige Kitzbüheler war zunächst Slalom-As, kommentierte dann für ORF Skisport-Events. In den 1990er-Jahren startete er seine Sänger- und Schauspielerkarriere und erreichte mit seinen Shows und Heimatfilmen ein Millionenpublikum. Es gibt viele, die den Tiroler Sunnyboy für seinen geerdeten Charme und seine gefühlvollen Lieder lieben – und einige, die damit wenig anfangen können.

ADAC *Mittendrin*

Für Kitzbühel und das Unterland und vor allem für die Society ist das **Hahnenkammrennen** das Event des Jahres. Tausende pilgern am letzten Januarwochenende nach »Kitz«, um zu feiern und sich feiern zu lassen. Der Höhepunkt ist der Samstag mit dem Abfahrtslauf. Ein Reigen von Partys und Charity-Galas begleitet die pelz- und promilastige Veranstaltung.

Einkaufen

Kitzbüheler Genussmarkt Jeden Samstag gibt es von 8 bis 12 Uhr auf dem Bauernmarkt in der Kitzbüheler Hinterstadt viele regionale Produkte von Tiroler Speck und Wurst über Bergkäse und Bauernbrot bis zu Edelbränden und Marmeladen.

Das Besondere am Wildpark Aurach sind die großzügigen Freigehege

Sport

Schwarzsee Ca. 3 km nordwestlich von Kitzbühel liegt dieser warme Moorsee. Es gibt zwei Badeanstalten, beim Schwimmen genießt man einen traumhaften Wilder-Kaiser-Blick. Man kann auch Boote leihen oder das Gewässer zu Fuß umrunden.

Erlebnisse

Horngipfelfrühstück Frühmorgens geht es mit dem Lift hinauf zum Gipfel des Kitzbüheler Horns auf 2000 m Höhe. Zur eindrucksvollen Aussicht auf Kitzbühel, die Kitzbüheler Alpen, den Wilden Kaiser und viele andere berühmte Gipfel gibt es im Horngipfel-Haus ein herzhaftes Frühstück. ■ Anmeldung bis zum Vortag um 17 Uhr unter Tel. 05356 69 51 oder hornbahn@kitzski.at, inkl. geführter Wanderung 39 €

In der Umgebung

Wildpark Aurach

| Tierpark |

In Aurach 5 km südlich von Kitzbühel liegt oberhalb der Hauptstraße der Wildpark, in dessen Freigehege rund 250 Tiere zu Hause sind. Neben einheimischen Arten wie Hirschen, Rehen, Mufflons und Steinböcken bevölkern auch Exoten wie Lamas, Affen und Känguruhs die Gehege. Im Streichelstadel kommen Kinder Schafen, Ziegen, Hasen und Meerschweinchen nahe, und der Wildspielpark gibt Gelegenheit, tierische Verhaltensweisen an sich selbst zu erproben. Einkehren kann man in der Branderhofstube, einem Tiroler Gasthof.

■ Wildparkweg 6, www.wildpark-tirol.at, Mi–So 10–17 Uhr, 9 €, erm. 6 €

18 Pillerseetal

Traumhafte Aussichtsberge umgeben den smaragdgrünen Pillersee

Information

■ Tourismusverband Pillerseetal, Dorfplatz 1, 6391 Fieberbrunn, Tel. 05354 563 04, www.pillerseetal.at

Zwischen Fieberbrunn und Waidring erstreckt sich nahe der bayerischen Grenze das 15 km lange Pillerseetal. Im Vergleich zur Glamour-Metropole Kitzbühel gibt es sich angenehm bodenständig und bescheiden. Auf Wanderer und Skiläufer warten rund um den Pillersee viele attraktive Angebote. Hauptort des Tals ist St. Ulrich am Pillersee, bei St. Jakob in Haus steht das größte begehbare Gipfelkreuz der Welt. Das industriell geprägte Hochfilzen ist ein berühmter Biathlon-Wettkampfort.

Sehenswert

Pillersee

| Badesee |

Der Pillersee bei St. Ulrich ist ein beliebter, flach abfallender Badesee mit Strandbad und einer Kneippanlage, die Wassertemperaturen steigen aber auch im Sommer kaum über 20 Grad. Man kann Boote leihen und den See auf einem Fußweg umrunden.

Jakobskreuz

| Aussichtspunkt |

13 *Vier Arme bieten tolle Ausblicke in alle Himmelsrichtungen*

Schon von Weitem erkennt man das riesige Gipfelkreuz auf der Buchensteinwand. Als das 30 m hohe, begehbare Kreuz auf 1456 m Höhe gebaut wurde, war es umstritten. Heute ist es wegen seiner vier Aussichtsplattformen ein populäres Ausflugsziel. Seinen Namen verdankt es dem hier vorbeiführenden Jakobsweg.

■ Buchensteinwand Bergstation, www.jakobskreuz.at, geöffnet Sommer und Winter, Berg- und Talfahrt inkl. Eintritt 16,50 €, erm. 15/9,50 €

Restaurants

€€ | **Gasthof St. Adolari** Tiroler Wirtshaus mit über 500-jähriger Geschichte, rustikalen Gaststuben und einfachen Zimmern, wenige Meter vom Ufer des Pillersees entfernt. ■ Niedersee 8, 6393 St.Ulrich am Pillersee, Tel. 05353 200 03, www.tirolerwirt.at, Mi–Mo tgl. 11–21 Uhr

Einkaufen

Latschenöl-Brennerei Josef Mack Die älteste Latschenöl-Brennerei der Welt wurde 1856 von einem Bad Reichenhaller Apotheker gegründet. Noch

ADAC *Mobil*

In Waidring kann man **Mountaincarts** testen, dreiradartige Funsport-Flitzer aus Aluminium mit hydraulischen Scheibenbremsen. Dafür gibt es beim Gasthof Oberweissbach südlich von Waidring eine 2,1 km lange und 3m breite Strecke. Jeweils ab 10 Uhr morgens stehen die Carts zur Verfügung. Dann geht es flott bergab und mit dem Mountain-Taxi auf Wunsch wieder zurück zum Start. *Weissbach 2, 6384 Waidring, www.alpengasthof-waidring.tirol, nur bei schönem Wetter, 9 € pro Fahrt*

heute werden in dem am Waldrand liegenden Betrieb Latschenkieferöl und -extrakt zu Kurmitteln und Kosmetika verarbeitet. ■ Gries 27, 6393 St. Ulrich am Pillersee, www.macknatur.at

Kinder

Timoks Alm Alpine Erlebniswelt oberhalb von Fieberbrunn bei der Mittelstation Streuböden mit Abenteuerpfad, Kletterpark, Waldseilgarten, Wildgehege und 1,16 km langem Alpine Coaster. ■ www.bergbahnen-fieberbrunn.at, Mitte Mai–Ende Okt. tgl. 8–17 Uhr, Coaster 5 €, erm. 3,50 €

Freizeitpark Familienland Vergnügungspark für die ganze Familie mit Wildwasser- und Achterbahn, Bauernland, Kletterhalle, Streichelzoo und Wikingerland. ■ Mühlau 36, St. Jakob im Pillerseetal, www.freizeitpark.tirol, ab Mai tgl. 10–18 Uhr, 16 €, erm. 14 €

19 Wilder Kaiser

Der majestätische Gebirgszug ist Drehort beliebter TV-Produktionen

Information

■ TVB Wilder Kaiser, Dorf 35, 6352 Ellmau, Tel. 505 09, www.wilderkaiser.info

Das Gebirgsmassiv am Nordrand Tirols nahe der bayerischen Grenze ist dank seiner stolzen Erscheinung ein Wahrzeichen der Region und ein traditionsreiches Kletterrevier. Es gipfelt in der Ellmauer Halt auf 2344 m Höhe. Zu ihren Füßen liegen die vier Orte Ellmau, Going, Scheffau und Söll, die im Sommer wie im Winter sehr touristisch geprägt sind. Ellmau und Going liegen so traumhaft, dass sie zum Schauplatz von TV-Produktionen wie der Serie »Der Bergdoktor« wurden. Für Fans gibt es geführte Touren zu den Drehorten (Infos unter www.wilderkaiser.info oder beim Tourismusverband).

Sehenswert

Hintersteiner See

| Bergsee |

Malerisch ist die Lage des klaren Bergsees auf knapp 900 m Höhe oberhalb von Scheffau. Er wird zur Energiegewinnung genutzt, es gibt aber auch ein Strandbad mit recht frischen Wassertemperaturen. Man kann das Gewässer in ca. 90 Min. umrunden, ca. 30 Min. Gehminuten entfernt liegen die barocke Wallfahrtskapelle Bärnstatt und der gleichnamige Gasthof mit Panoramaterrasse (www.baernstatt.at).

Schleierfall

| Wasserfall |

Der bei Kletterern beliebte, fotogene Wasserfall stürzt nordöstlich von Going über einen Felsvorsprung des Niederkaisers. Man erreicht ihn nach einer 90-minütigen Wanderung von Hüttling aus, eine alternative Tour führt an der Geländekante entlang über die Graspoint Alm zum Wanderparkplatz zurück (1 Std. zusätzlich).

Restaurants

€€ | **Jägerwirt Scheffau** Das ruhig oberhalb von Scheffau gelegene Gasthaus hat sich in wenigen Jahren zu einer sehr gefragten Adresse entwickelt. Es punktet mit kreativer Tiroler Küche, Panoramaterrasse und geschmackvollen Gästezimmern. ■ Wegscheid 8, 6351 Scheffau, Tel. 05358 867 00, www.jaegerwirt-scheffau.at, Mi–So 8.30–23 Uhr

Einkaufen

Wilder Käser Die Käserei mit Jausenstüberl und Laden befindet sich in einem 500 Jahre alten Bauernhaus in Gasteig bei Kirchdorf. Spezialitäten sind der milde Tiroler Alpen-Camembert (kleiner Stinker) und der deftige Tiroler Alpen-Weichkäse (großer Stinker). ■ Schwendter Str. 76, 6382 Kirchdorf, www.wilder-kaeser.at, Mai–Nov. tgl. 9–18 Uhr, sonst So, Mo geschl.

Kinder

Hexenwasser Söll Die Erlebniswelt rund um die Mittelstation der Hohen Salve bietet viele Stationen mit Wasserspielen, Bienenhaus, Sonnenuhren etc., bei denen es um Natur und Tradition geht. ■ www.hexenwasser.at, Mitte Mai–Ende Okt., Eintritt frei

Badesee Going Herrlich gelegener Naturbadesee oberhalb von Going direkt unter dem Wilden Kaiser mit separater Kinderbucht, 100 m langer Freilandrutsche, Wasserrutsche, Spielpark mit Piratenschiff und großer Beachvolleyballanlage. ■ Bei Schönwetter tgl. 9–19 Uhr, 6,50 €, erm. 3 €

Wandern

Gaudeamushütte Eine klassische Art, den Wilden Kaiser näher kennenzulernen, ist die Wanderung von der Wochenbrunner Alm oberhalb von Ellmau zu der berühmten Hütte direkt unter der Ellmauer Halt. Eine leichte bis mittelschwere, etwa 45-minütige Tour auf breitem Schotterweg mit schönen Ausblicken auf die Kitzbüheler Alpen. ■ www.dav-main-spessart.de, Mitte Mai–Mitte Okt. tgl. 8–20 Uhr

Imposante Bergkulisse mit hohem Wiedererkennungswert: der Wilde Kaiser

20 Kufstein

Die Stadt wird im Kufsteinlied zu Recht als Perle Tirols besungen

Statt Armeen stürmen heute Besucher Kufsteins wehrhafte Festung

i Information

- Tourismusverband Kufsteinerland, Unterer Stadtplatz 11, 6330 Kufstein, Tel. 05372 622 07, www.kufstein.com
- Parken siehe S. 68

Die Festungsstadt am Inn ist das Erste, das Besucher von Norden kommend von Tirol zu sehen bekommen. Links das Kaisergebirge, rechts der steile Gipfel des Pendling und mittendrin die Stadt mit der mittelalterlichen Festung. Kufstein mit seinen knapp 19 000 Einwohnern bietet eine reizvolle Mischung aus mittelalterlichem Flair im Zentrum, modernen Einkaufsmöglichkeiten und dem direkten Zugang zur Bergwelt. Hauptsehenswürdigkeit ist natürlich die Festung, aber auch im näheren Umfeld gibt es viel zu entdecken, den idyllischen Thiersee etwa oder den Raritätenzoo Ebbs.

Sehenswert

1 Festung Kufstein

| Burg |

7 *Eines der imposantesten mittelalterlichen Bauwerke Tirols*

Das Wahrzeichen von Kufstein ist nicht zu übersehen und kann entweder zu Fuß oder mit dem Schräglift erobert werden. 1205 erstmals urkundlich erwähnt, war die Festung über die Jahrhunderte Zankapfel zwischen Bayern

Plan S. 69

und Tirol. Wo früher gekämpft wurde, wird man heute gastfreundlich empfangen, kann an geführten Rundgängen teilnehmen oder auf eigene Faust durch die Anlage streifen und sich in der Festungswirtschaft stärken. Jeden Tag um 12 Uhr spielt zum Gedenken an die Opfer der beiden Weltkriege die Heldenorgel mit ihren 4300 Pfeifen auf.

■ www.festung.kufstein.at, Sommer tgl. 9–18, im Winter 10–17 Uhr, Sommer 12 €, erm. 7 €, Winter 10,50/6 €

2 Römerhofgasse

| Historische Gasse |

Von ihrer schönsten Seite präsentiert sich die Kufsteiner Altstadt in der Römerhofgasse mit ihren kunstvoll bemalten Fassaden, historischen Gasthöfen und netten Weinlokalen. Im Gasthaus Auracher Löchel (Nr. 3–5) komponierte Karl Ganzer 1947 das Kufsteinlied. Am Ende der Gasse führt das Auslasstörl zum Inn.

3 Nähmaschinenmuseum

| Industriemuseum |

Das kleine Museum ist dem gebürtigen Kufsteiner Josef Madersperger gewidmet, der 1814 die erste Nähmaschine erfand. Weil sie auch nach mehreren Verbesserungen niemand kaufen wollte, verschenkte er schließlich frustriert den Prototyp.

■ Kinkstr. 16, Mo–Sa 10–17 Uhr, Eintritt frei, Spende erbeten

4 Andreas-Hofer-Statue

| Denkmal |

Auf dem Kalvarienberg im Osten der Stadt ehrt in einem Park ein Denkmal den Tiroler Freiheitskämpfer. Der Weg hinauf lohnt vor allem wegen des schönen Blicks auf Stadt und Festung.

■ Kalvarienberg, Hörfarterstraße, jederzeit frei zugänglich

5 Tiroler Glashütte Riedel

| Glas-Erlebniswelt |

Der im Süden Kufsteins ansässige, weltbekannte Glashersteller bietet Besuchern in der Schauhütte Gelegenheit, den Glasmachern bei der Arbeit zuzusehen. Die Multimediaschau SINNfonie lässt die alte Handwerkskunst mit allen Sinnen erleben. Angeschlossen ist ein Werksverkauf.

■ Weissachstr. 28–34, www.riedel.com, Mo–Fr 9–12, 13–16 Uhr

Verkehrsmittel

Mit der KufsteinerlandCard können alle Busse der IOG in Stadt und Umland für 1,50 € genutzt werden.

Parken

Nahe der Festung liegen die Zentrumsgarage (Praxmarerstr. 3, 30 Min./0,50 €), die Altstadtgarage (Am Fischergrieß, 1 Std. gratis, dann 30 Min./1 €) und die Kufstein Galerien (Feldgasse 1, 1 Std. frei, dann 30 Min./1 €).

Restaurants

€€ | Auracher Löchl Die Geschichte von Kufsteins berühmtestem Gasthaus geht auf das 15. Jh. zurück. Aus dem Bierkeller im Fels wurde ein Ausschank und ein Gasthaus mit urigen Stuben und klassischer Tiroler Küche, das sich zur Institution entwickelte. ■ Römerhofgasse 4, Tel. 05372 621 38, www.auracher-loechl.at, Mi–Di 11–22 Uhr, Plan S. 69 b2

Cafés

Die Bohne Tirols Ungewöhnliches Kaffeehaus in einem historischen Gebäude unterhalb der Festung. Kreatives Interieur auf mehreren Etagen, eigene Kaffeerösterei. ■ Kinkstr. 30, Tel. 05372 206 90, www.kaffee-haus.at, Mo–Sa 8–20, So 9–18 Uhr, Plan S. 69 b2

Kneipen, Bars und Clubs

Stollen 1930 In der Römerhofgasse versteckt sich die weltgrößte Gin-Bar stimmungsvoll in einem alten Stollen. Über 800 Sorten Gin stehen zur Wahl. ■ Römerhofgasse 4, www.auracher-loechl.at/stollen1930, tgl. 18–2 Uhr, Plan S. 69 b2

Gefällt Ihnen das?

2016 begann das Tiroler Denkmalschutzamt, auch historische Berghütten unter Schutz zu stellen, und nimmt damit eine Vorreiterrolle ein. Das 1900 eingeweihte **Anton-Karg-Haus** im Kaisertal bei Kufstein (s. unten) kommt einer ländlichen Villa näher als einer alpinen Schutzhütte. Die prächtige Innenausstattung der **Berliner Hütte** im Zillertal (S. 48), eröffnet 1879, lässt Besucher bis heute staunen. Das **Gepatschhaus** im Kaunertal (S. 100) war die erste in Österreich erbaute Alpenvereinshütte.

Wandern

Kaisertal Ein Klassiker ist der Weg von Kufstein hinein ins Kaisertal zwischen Zahmem und Wildem Kaiser. Man läuft sanft bergauf und kommt an mehreren Gasthäusern und Hütten (Veitenhof, Pfandlhof, Anton-Karg-Haus), an der Tischoferhöhle und an der berühmten Antoniuskapelle vorbei. Schön liegt das Hans-Berger-Haus, das man nach rund 2,5 Std. erreicht. ■ www.kaisertal.at

Pendling Der mächtige Pendling direkt über dem Inntal bei Kufstein sieht unbezwingbar aus, eine Wanderung hinauf zum 1563 m hohen Gipfel ist aber gar nicht so beschwerlich. Vom Gasthaus Schneeberg in Hinterthiersee geht es auf asphaltiertem Weg in den Wald hinein. Nach gut 1,5 Std. kommt man zum Gipfel und zum Kufsteiner Haus samt spektakulärer Aussicht auf Kufstein, Inntal und Kaisergebirge. ■ www.pendlinghaus.at, Ende April–Anf. Nov. tgl. ab 7.30 Uhr

In der Umgebung

Thiersee

| Badesee |

Der 25 ha große See auf einem sonnenreichen Plateau westlich von Kufstein ist an heißen Sommertagen ein beliebtes Ziel. Thiersee liegt gut 180 m höher als Kufstein und ist auch Startpunkt von Wanderungen Richtung Pendling und Sonnwendjoch. Der traditionsreiche Passionsspielort war nach dem Krieg ein beliebter Filmdrehort, woran ein Themenweg erinnert (www.tiroler-filmmuseum.at).

Raritätenzoo Ebbs

| Tierpark |

Seit rund 30 Jahren gibt es den Zoo am Fuße des Zahmen Kaisers. In dem privaten Tierpark sind etwa 500 Tiere aus 70 Arten zu Hause, darunter auch seltene wie Nasenbären, Mähnenwölfe und Riesenkängurus.

■ Krucklweg 20, 6341 Ebbs, www.raritaetenzoo.at, Ende März–Anf. Nov. tgl. 9–18 Uhr, 9 €, erm. 4,70 €

Passionsspielhaus Erl

| Konzertbühne |

Der geschwungene weiße Bau aus den 1950er-Jahren ist ein echter Blickfang und bei der Fahrt auf der Inntalautobahn kaum zu übersehen. Seit über 400 Jahren werden hier alle zehn Jahre die Passionsspiele organisiert (nächster Termin 2019), in der übrigen Zeit werden Führungen angeboten. Seit 1997 finden zusätzlich jeden Sommer die Tiroler Festspiele statt. Dafür entstand 2012 das neue Festspielhaus mit seiner modernen Architektur.

■ Mühlgraben 56, 6343 Erl, Tel. 05373 81 39, www.passionsspiele.at

Übernachten

Das Tiroler Unterland hat eine hervorragende touristische Infrastruktur mit einem entsprechend großen Angebot an Unterkünften. Kitzbühel ist im Winter teuer und ausgebucht, im Sommer kann man jedoch sogar in Viersternehotels zu fairen Preisen unterkommen. Preisgünstiger und ruhiger nächtigt man im Pillerseetal oder am Thiersee.

Wildschönau 56

€ | **Ferienhaus Dahoam** Der Bergbauernhof der Familie Fill ist ein Erbhof seit 1669 und die ehemalige Getreidekammer nun ein Ferienhaus für Urlaubsgäste, die es klassisch rustikal mögen. In schöner Lage oberhalb von Auffach bietet es Platz für zwei bis sechs Personen, zwei Duschen mit WC und eine Sauna. ■ Bernau, Auffach 85, 6313 Wildschönau, Tel. 05339 88 85, www.ferienhaus-dahoam.at

€€ | **Landhaus Marchfeld** Nur sieben Zimmer und zwei Apartments hat das Landhaus Marchfeld, nach eigenen Angaben das kleinste Viersternehotel Tirols, weiterhin eine Sauna und ein Dampfbad. Es befindet sich in ruhiger Lage abseits der Hauptstraße bei Oberau. ■ Roggenboden 167, 6311 Oberau, Tel. 05339 24 03, www.meine-ferien.at

Brixental 58

€ | **Brixentaler Hof** Ruhig und zentrumsnah in Westendorf gelegene Frühstückspension, sehr freundlich geführt. Geräumige, helle Zimmer und gemütliche Apartments mit Balkon, Garten, Hausbar. ■ Bichlingerstr. 11, 6363 Westendorf, Tel. 05334 63 03, www.brixentalerhof.at

€€€ | **Das Heimsitz** Elegantes Apartmenthotel mit sehr guter Ausstattung, Zimmer und Suiten unterschiedlichster Größe, Bar und Wellnessbereich. Direkter Zugang zu den Skipisten. ■ Liftweg 2a, 6364 Brixen im Thale, www.dasheimsitz.com

Kitzbühel 60

€€€ | **Reitherwirt** Im Zentrum des ruhigeren Nachbarorts von Kitzbühel etwas abseits der Hauptstraße liegt dieser klassische Landgasthof. Die geräumigen Zimmer sind rustikal ausgestattet. Wellnessbereich mit mehreren Saunen und Whirlpool. ■ Dorf 16, 6370 Reith bei Kitzbühel, Tel. 05356 65418, www.reitherwirt.at

€€€ | **Villa Licht** Eine Institution in Kitzbühel sind die Apartments der Villa Licht. Serviced Apartments heißen sie, weil man hier zur gediegen tirolerisch eingerichteten Unterkunft auch Frühstück und Getränke bekommen kann. Zentrale Lage. ■ Franz-Reisch-Str. 8, 6370 Kitzbühel, Tel. 05356 622 93, www.villa-licht.at

Pillerseetal 63

€ | **Stoaberg Lodge** Zwei Ferienwohnungen mit moderner Architektur und viel Holz in einem Niedrigenergiehaus mitten in der Wiese bei St. Ulrich. ■ Wieben 20, 6393 St. Ulrich am Pillersee, Tel. 0664 7503 20 33, www.stoaberg-lodge.at

€€ | Hotel Pillerseehof Großes Dreisternehotel etwas abseits der Hauptstraße, nicht weit vom Südufer des Pillersees. Geräumige, geschmackvolle Zimmer, regionale Küche und Wellnessbereich mit Hallenbad, Sauna, Dampfbad und Solarium. ■ Kirchweg 1, Tel. 05354 881 76, 6393 St. Ulrich am Pillersee, www.pillerseehof.com

Wilder Kaiser 64

€€ | Gasthof Weberbauer Klassischer Hotel-Gasthof im Tiroler Stil im Zentrum von Scheffau. Zum Teil renovierte Zimmer. Kleines Wellnessangebot mit Sauna und Fitnessbereich. Hoteleigener Bogenschießparcours. ■ Dorf 44, 6351 Scheffau, Tel. 05358 81 15, www.gasthof-weberbauer.at

€€–€€€ | Wellnesshotel Seiwald Das großzügige Wellnesshotel befindet sich in schöner Lage zu Füßen des Wilden Kaisers oberhalb der Loferer Bundesstraße. Geräumige Zimmer im Landhausstil und umfangreicher Wellnessbereich mit Hallenbad, Außenpool und Saunadorf. ■ Kapellenweg 22, 6353 Going, Tel. 05358 36 41 80, www.seiwald.at

Kufstein 66

€ | Alpengasthof Schneeberg Mitten in der Natur am Fuße des Pendlings bei Thiersee steht dieser rustikale Gasthof. Seine Pluspunkte sind die gute Küche und die ideale Ausgangslage für Wanderungen sowie Rodelpartien im Winter. ■ Schneeberg 50, 6335 Thiersee, Tel. 05376 52 88, www.thierseeurlaub.at

€€ | Backstage Kufstein Ein neuer und ziemlich ungewöhnlicher Gastbetrieb im Herzen von Kufstein. In einem Bürogebäude im Zentrum befindet sich in der 3. Etage das Backstage mit nobel ausgestatteten Zimmern. Dazu gibt es einen Gemeinschaftsraum mit Küche und TV sowie Sauna und Fitness eine Etage tiefer. Sehr beliebt bei Familien. ■ Inngasse 7, 6330 Kufstein, Tel. 05372 623 58, www.backstage-kufstein.com

ADAC *Das besondere Hotel*

Träumerei # 8 Jedes der 34 Themenzimmer des Boutiquehotels in Kufsteins Altstadt ist einem anderen Ort der Welt gewidmet, unterschieden wird weiterhin zwischen Fluss- und Bergblick- sowie Kuschelzimmern. Dazu gibt es das kleinste Brückenrestaurant und die größe Gin-Sammlung der Welt im Stollen 1390.

€€ | Römerhofgasse 4, 6330 Kufstein, Tel. 05372 621 38, www.auracher-loechl.at

Zugspitzregion und Lechtal

Viele Urlauber passieren diesen Teil Tirols nur auf der Durchreise, dabei hat er landschaftlich und kulturell viel zu bieten

Die Gegend südlich der Zugspitze und des Allgäus nennen die Tiroler Außerfern. Damit ist die Region gemeint, die nördlich des Fernpasses liegt, den die meisten Reisenden aus Verkehrsdurchsagen kennen und der das tirolerisch-bayerische Grenzgebiet mit der Innsbrucker Gegend verbindet. Das Außerfern, das identisch ist mit dem Bezirk Reutte, lässt sich in die Zugspitzregion und das Lechtal mit Reutte und dem Plansee aufteilen. Wer die Hauptdurchgangsstrecken verlässt, findet reizvolle Seitentäler und stille Ecken wie das Tannheimer Tal oder diverse kleine Seitentäler des Lechtals. Eine Besonderheit ist die kleine Gemeinde Jungholz im Tannheimer Tal, die eine Tiroler Insel bei den bayerischen Nachbarn ist. Der Hauptort Reutte ist eine von Industrie geprägte Kleinstadt. Die Nähe zum Schwäbischen und zum Vorarlberg macht sich hier auch im Dialekt bemerkbar, der entsprechende Anklänge besitzt.

In diesem Kapitel:

ADAC Top Tipps:

8 **Zugspitze**
| **Gipfel** |

Auf der Tiroler Seite wirkt Deutschlands höchster Gipfel besonders majestätisch. Von Ehrwald aus fahren die Panoramagondeln der Zugspitzbahn in nur zehn Minuten hinauf und überwinden dabei 1725 Höhenmeter. 76

ADAC Empfehlungen:

14 **Hotel Post Day Spa Lermoos**
| **Wellnessoase** |

Baden und entspannen im großzügigen Spa inklusive Außenpool mit umwerfendem Bergblick. Bei den Behandlungen kommen Pflegeprodukte mit Alpenkräutern zum Einsatz. 77

15 **Burgenwelt Ehrenberg**
| **Burgen- und Festungsensemble** |

In der einst heiß umkämpften historischen Wehranlage können Besucher sich auf einen spannenden Trip ins Mittelalter begeben. 78

16 **Highline 179**
| Fußgänger-Hängebrücke |
115 m hoch über dem Tal schwingend, verbindet die gewagte Stahlkonstruktion Burg Ehrenberg und Fort Claudia. Wer sich hinauftraut, wird mit tollen Panoramablicken belohnt. 78

17 **Naturpark Tiroler Lech**
| Naturschutzgebiet |
Der Tiroler Lech mit seinen riesigen Schotterbänken und ausgedehnten Auwaldbereichen ist der letzte noch weitgehend ungezähmte Wildfluss in den nördlichen Alpen. 82

21 Mieminger Plateau

Das sonnige Hochplateau ist ein beliebtes Naherholungsgebiet der Innsbrucker

Information

■ Tourismus Information Obsteig, Oberstraß 218, 6416 Obsteig, Tel. 05264 81 06
■ Tourismus Information Mieming, Obermieming 185, 6414 Mieming, Tel. 05264 52 74, beide: www.sonnenplateau.net

Eine Bilderbuchlandschaft und Idyll pur ist das Mieminger Plateau nordwestlich von Innsbruck. Sanfthügelige Wiesen und beschauliche Dörfer prägen die sonnige Mittelgebirgsterrasse, die im Norden durch die Mieminger Kette begrenzt wird. Populär wurde sie vor etlichen Jahren durch die TV-Serie »Der Bergdoktor«, der damals von Gerhard Lippert und später von Harald Krassnitzer gespielt wurde. Bis heute verbringen viele Fans hier ihren Urlaub, obwohl der Bergdoktor längst am Wilden Kaiser gedreht wird. Im Sommer ist das Plateau mit den vier Dörfern Mieming, Wildermieming, Obsteig und Mötz ein reizvolles Wandergebiet. Im Winter dominiert der sanfte Tourismus, da die Liftanlagen vor einigen Jahren ausrangiert wurden.

Sehenswert

Bergdoktorhaus

| TV-Drehort |

Der Ort Wildermieming war als »Sonnenstein« die erste Heimat des Bergdoktors. Das Bergdoktorhaus, eine Atrappe, diente für sechs Staffeln als Kulisse, ebenso für drei »Tatort«-Folgen und eine Bollywood-Produktion. Es liegt fünf Gehminuten vom Ortskern entfernt, von Obermieming führt der zweistündige Bergdoktor-Wanderweg dorthin. Es gibt auch einen Bergdoktor-Radweg, der von Telfs über Wildermieming ins Gurgltal führt.

Wallfahrtskirche Maria Locherboden

| Kirche |

An die wundersame Rettung eines Knappen aus einem verschütteten Bergbaustollen erinnert dieser Marienwallfahrtsort bei Mötz. Die Kirche im neogotischen Stil wurde Anfang des 20. Jh. errichtet. Ein reizvoller Weg mit Kreuzwegstationen führt hinauf. Von Mai bis Oktober findet an jedem 11. des Monats um 19.30 Uhr eine Nachtwallfahrt mit Lichterprozession statt.

Restaurants

€€ | Tiroler Wirtshaus am Locherboden Beliebtes Ausflugslokal an der Straße von Obermieming nach Mötz bei der Wallfahrtskirche Locherboden. Klassisches Tiroler Gasthaus mit großem Gastgarten und Kinderspielplatz. ■ Landesstr. 2, 6423 Mötz, Tel. 05263 55 99, www.locherboden.at, Fr–Di 10–20 Uhr

Kinder

Mini-Dampf Tirol Eine Attraktion vor allem für kleine Kinder ist diese Miniatureisenbahn mit acht Loks und zahlreichen Waggons, die in Barwies bei Mieming auf einer Strecke von 350 m verkehrt und dabei zwei Tunnels und eine Brücke passiert. ■ Barwies 345b, 6414 Mieming, www.minidampftirol.at, So, Fei 11–18, Juli, Aug. Mi 14–18 Uhr, 1,70 € pro Fahrt, bei schlechter Witterung kein Fahrbetrieb

Herbst auf dem Mieminger Plateau: Die Lärchen beginnen sich goldgelb zu verfärben

In der Umgebung

Stift Stams

| Klosteranlage |

Nur wenige Kilometer vom Mieminger Plateau entfernt steht im Inntal das mächtige Stift Stams. Das Zisterzienserkloster wurde 1273 von den Grafen von Görz-Tirol gegründet. Bei Führungen besichtigt man die Stiftskirche, Grablege der Tiroler Fürsten, die Heilig-Blut-Kapelle, den barocken Bernardi-Saal und die Bibliothek. Ein Museum zeigt sakrale Kunst. Dem Kloster angeschlossen sind eine Schnapsbrennerei mit eigener Obstplantage und ein Klosterladen in der Orangerie, wo es auch ein gehobenes Restaurant gibt.

■ www.stiftstams.at, Klosterführungen Juni–Sept. Mo–Sa 9–11, 13–17, So, Fei 13–17 Uhr, Museum Juni–Sept. Mo–Sa 9.30–12.30, 13.30–16.30, So, Fei nur 13.30–16.30 Uhr, Führungen 12,50 €, erm. 10/6 €, Museum 7 €, erm. 5/4 €

22 Ehrwald und Lermoos

Das Zugspitzmassiv präsentiert sich hier von seiner schönsten Seite

Information

■ Tiroler Zugspitzarena, Am Rettensee 1, 6632 Ehrwald, Tel. 05673 200 00, www.zugspitzarena.com

Die Gegend südlich der Zugspitze heißt ganz offiziell Zugspitzarena. Rund um Ehrwald, Lermoos und Biberwier breiten sich flache Wiesen aus, wirken die Berge, allen voran natürlich die Zugspitze, sehr monumental. Der Tourismus spielt hier traditionell eine Hauptrolle, im Sommer gibt es viele Möglichkeiten zum Wandern und Bergsteigen, im Winter Pisten oben auf dem Zugspitzplatt, auf der Ehrwalder Alm und am Grubigstein bei Lermoos.

Sehenswert

Zugspitze

| Gipfel |

8 *Von der Gipfelstation bieten sich atemberaubende Fernblicke*

Vom Weiler Obermoos nördlich von Ehrwald startet die Tiroler Zugspitzbahn Richtung Gipfel. Die großen Panoramagondeln mit Platz für 100 Leute bieten herrliche Aussichten. Auf der zehnminütigen Fahrt schweben sie über die Wiener Neustädter Hütte und über steile Felslandschaften hinweg. Oben gibt es ein Restaurant und natürlich perfekte Aussichten, wenn das Wetter mitmacht. Im Ticket für die Zugspitzbahn inklusive sind der Eintritt ins Erlebnismuseum »Faszination Zugspitze« und in die »Schneekristall-Welt.« Zu bestimmten Terminen gibt es auch Sonnenaufgangsfahrten mit Frühstück im Gipfelrestaurant.

■ www.zugspitze.at, tgl. 8.40–16.40 Uhr im 20-Min.-Takt, Berg- und Talfahrt im Sommer 45 €, erm. 36/27 €

Restaurants

€€ | **Gasthof Juchhof** Typisches Tiroler Wirtshaus im modern-rustikalen Stil mit traditionellen Accessoires. Tiroler Küche mit regionalen Zutaten. ■ Juch 2, 6631 Lermoos, Tel. 05673 22 55, www.juchhof.at, tgl. 11.30–21 Uhr

€€ | **Gasthof Krone** Landgasthof mit bis ins 15. Jh. zurückreichender Historie an der Straße von Lermoos Richtung Reutte. ■ Unterdorf 8, 6621 Bichlbach, Tel. 05674 51 33, www.landgasthofkrone.at, Di–So 11.45–14, 17–20.45 Uhr

Kinder

Moosle's Forscherpfad Auf dem Grubigstein, dem Hausberg von Lermoos, startet an der Mittelstation auf 1338 m dieser 2,5 km lange Themenweg mit mehreren Spiel- und Infostationen, Wasserspielplatz, Baumhaus und Aussichtsturm. ■ www.bergbahnen-langes.at, tgl. 8.30–17 Uhr, Berg- und Talfahrt 10 €, erm. 8,50/6 €

Der atemberaubende Fernblick von der Zugspitze umfasst die Gipfel von vier Ländern

ADAC *Mittendrin*

Schon seit dem Mittelalter wird im Alpenraum der Sommer mit Sonnwendfeuern begrüßt. Die **Bergfeuer** in der Zugspitz-Arena zählen seit 2010 zum immateriellen UNESCO-Weltkulturerbe. Am Abend des 23. Juni erscheinen an den Hängen von Mieminger Kette, Wetterstein-Massiv und Lechtaler Alpen leuchtende Feuermotive. Riesige flammende Kreuze, Herzen oder Hirsche bringen die zahlreichen Besucher zum Staunen. Einer der besten Plätze, um die Bergfeuer zu sehen, ist die Loisachbrücke im Moos.
www.bergfeuer.at

Sport

Panoramabad Lermoos In diesem Freibad am Nordrand von Lermoos badet man mit herrlichem Zugspitzblick. Weitere Trümpfe sind Wasserrutschen, ein Riesentrampolin und ein Kinder-Erlebnisbecken. ■ www.zugspitzarena.com, Ende Mai–Mitte Sept. tgl. 9.30 Uhr, Tageskarte 5,50 €, erm. 4,50 €

Wandern

Ehrwalder Alm Nicht ganz so hoch gelegen wie die Zugspitze, aber dennoch mit herrlichen Aussichten. Die Ehrwalder Alm auf der Südseite des berühmten Gipfels ist Ausgangspunkt für Wandertouren u.a. zum traumhaft gelegenen Seebensee und weiter über die Coburger Hütte und den Drachensee zum Tajatörl, auch die Besteigung der Zugspitze über das Gatterl und die Knorrhütte startet hier. Bei der Bergstation der Almbahn auf 1500 m Höhe gibt es drei Gasthöfe und zwei kleine Bergseen. ■ www.almbahn.at, tgl. 8.30–16.45, Juli–Sept. bis 17.45 Uhr, Berg- und Talfahrt 17 €, erm. 13,50/10 €

Entspannung

14 **Hotel Post Alpin Day Spa** Der stilvolle Wellnessbereich des Fünfsternehotels ist nicht Gästen vorbehalten, er kann auch von externen Besuchern im Rahmen von Day-Spa-Angeboten genutzt werden. Diese umfassen neben Biosauna und Tiroler Schwitzstube auch die Nutzung des Pools mit tollem Zugspitzblick. ■ Kirchplatz 6, 6631 Lermoos, Tel. 05673 228 10, www.post-lermoos.at, 85 €

23 Reutte und Plansee

Im glasklaren Wasser des Plansees spiegeln sich majestätische Berggipfel

Information

■ Naturparkregion Reutte, Untermarkt 34, 6600 Reutte, Tel. 05672 623 36, www.reutte.com

Ganz im Norden des Außerfern am Eingang ins Lechtal liegt der Hauptort Reutte. Die Gemeinde mit ca. 6300 Einwohnern ist einer von wenigen Bezirkshauptorten in Tirol, die keinen Stadtstatus besitzen. Der Ort ist industriell und gewerblich geprägt. Beliebte Ausflugsziele sind der nahe Plansee und der Heiterwanger See. Einen ersten Eindruck bieten bei der Anreise von Lermoos kommend die mächtige Burgruine Ehrenberg und die spektakuläre Hängebrücke Highline 179.

Sehenswert

Grünes Haus

| Heimatmuseum |

Das historische Gebäude mit Ursprung im 16. Jh. beherbergt eine Ausstellung zur Geschichte des Ortes mit Infos zum einstigen Salzhandel und vielen Kunstwerken, darunter Arbeiten der Malerin Anna Stainer-Knittel, deren Leben als Grundlage für den Heimatroman »Geierwally« diente. Diese sehr selbstbewusste und emanzipierte junge Frau studierte an der Münchner Kunstakademie und leitete später eine Malschule in Innsbruck, erklomm aber auch so manchen Gipfel im Lechtal und wagte das Abenteuer, an einem Seil hängend ein Adlernest an einer Steilwand auszunehmen – dies war damals zum Schutz der Lämmer üblich.

■ Untermarkt 25, 6600 Reutte, www.museum-reutte.at, Di–Sa 13–17 Uhr, 3 €, erm. 2 €

Burgenwelt Ehrenberg

| Festungsensemble |

15 *Die historische Wehranlage versetzt Besucher ins Mittelalter*

Die mächtige Burg Ehrenberg aus dem späten 13. Jh. war dank der Lage an einem wichtigen Handelsweg eine der bedeutendsten Festungen Mitteleuropas. Mit der Festung Schlosskopf, dem Fort Claudia und der Ehrenberger Klause bildet sie ein eindrucksvolles historisches Ensemble, das durch gut ausgebaute Wanderwege verbunden ist. In der Ehrenberger Klause wurde ein Erlebnismuseum zur Burgenzeit eingerichtet. Der Saisonhöhepunkt sind die Ritterspiele Ehrenberg Ende Juli, bei denen rund 2000 Teilnehmer in historischen Kostümen auftreten. Dazu gibt es einen Mittelaltermarkt.

■ Klause 1, 6600 Reutte, www.ehrenberg.at, tgl. 9–18, Museum 10–18 Uhr, Kombiticket 10,80 €, erm. 8,70/5,80 €

ADAC *Mobil*

Zwischen Reutte und Garmisch-Partenkirchen gibt es eine **Bahnverbindung,** die unter anderem auch in Ehrwald, Lermoos und Berwang Halt macht – eine stressfreie Alternative für Ausflüge an verkehrsreichen Tagen. Die Fahrzeit zwischen Reutte und Garmisch-Partenkirchen beträgt eine knappe Stunde.

Highline 179

| Fußgänger-Hängebrücke |

16 *Gewagte Stahlkonstruktion, die risikofreien Nervenkitzel garantiert*

406 m lang, verbindet die spektakuläre Fußgänger-Hängebrücke 115 m über dem Boden die Ruine Ehrenberg mit dem Fort Claudia. Wer sich hinauftraut, wird mit traumhaften Panoramablicken und dem einzigartigen Gefühl zu schweben belohnt.

■ www.highline179.tirol, tgl. 8–22 Uhr, 8 €, erm. 5 €

Plansee

| Freizeitsee |

Der knapp 3 km² große Plansee östlich von Reutte ist der zweitgrößte Natursee Tirols. Im Sommer tummeln sich am und auf dem Wasser Badegäste, Angler, Surfer und Segler. Es gibt auch eine Schifffahrtslinie. Wanderwege führen zu den malerisch gelegenen Stuiben-Fällen und zum kleineren Heiterwanger See. Zur Einkehr bietet sich die Musteralpe mit Schaukäserei an.

■ Jederzeit frei zugänglich, beim Hotel Forelle Parkgebühr 3 €

Restaurants

€€ | Joyce Junges Lokal in Reutte mit frisch zubereiteten Gerichten, die man selbst kombinieren kann – Salate, Suppen, Panini und Currys. ■ Untermarkt 29, Tel. 05672 210 99, www.joyce-reutte.at, Mo–Fr 11–21 Uhr

Cafés

Das Kaffee Neues Kaffeehaus im Zentrum von Reutte mit gutem Kaffee aus eigener Rösterei, hausgemachten Kuchen und wechselnden Tagesgerichten. ■ Obermarkt 49, 6600 Reutte, Tel. 05672 211 40, www.daskaffee.at, Mo–Do 9–19, Fr bis 22, Sa bis 14 Uhr

Sport

Alpentherme Ehrenberg Erlebnisbad in Reutte mit vielseitigen Becken innen und außen, Strömungskanal, textilfreier Saunawelt, Infrarotkabinen und Massagesesseln. ■ Thermenstr. 10, 6600 Reutte, Tel. 05672 722 22, www.alpentherme-ehrenberg.at, tgl. 10–21 Uhr, Tageskarte 15 €, erm. 10,50 €

24 Tannheimer Tal

Idyllisches Hochtal mit hübschen Dörfern und klaren Bergseen

Information

■ Tourismusverband Tannheimer Tal, Vilsalpseestr. 1, 6675 Tannheim, Tel. 05675 622 00, www.tannheimertal.com

Immer noch ein Geheimtipp ist das Tannheimer Tal, das sich nahe der Grenze zu Bayern entfernt auf 1100 m Höhe durch die Lechtaler Alpen zieht.

Direkte Luftlinie zwischen Burg Ehrenberg und Fort Claudia: die Highline 179

Als Teil der Salzstraße von Hall in Tirol bis zum Bodensee erlangte es früh Bedeutung. Hauptorte sind neben Tannheim Grän, Nesselwängle, Schattwald und Zöblen. Eine Sonderrolle hat Jungholz als österreichische Enklave im bayerischen Gebiet. Im Sommer bietet das Tal reizvolle Wandermöglichkeiten u. a. zum nahen Vilsalpsee, auch Radsportler finden ein weites Betätigungsfeld. Im Winter gibt es sechs kleine Skigebiete und viele Langlaufloipen.

Sehenswert

Haldensee

| Freizeitsee |

Direkt an der Tannheimer Straße breitet sich der 73 ha große Haldensee aus. Im breiten Schilfgürtel nisten zahlreiche Wasservögel. Das Ufer säumen mehrere Hotels, ein Campingplatz und ein Strandbad. Es gibt Radwege, Walking-Strecken und einen Rundwanderweg mit schönen Aussichtspunkten. Im Winter wird der zugefrorene See zum Langlaufen genützt.

Vilsalpsee

| Freizeitsee |

Der malerisch auf 1165 m Höhe gelegene Bergsee unweit von Tannheim ist Teil eines Naturschutzgebiets und ein beliebtes Ausflugsziel. Ein leichter Wanderweg führt dorthin, am See starten verschiedene Rundtouren u.a. zum Bergacht-Wasserfall. Man kann Boote leihen, Kutschfahrten unternehmen, und natürlich gibt es auch Einkehrmöglichkeiten.

Jungholz

| Kräuterdorf |

Das beschauliche Dorf am Westrand des Tannheimer Tals ist eine Tiroler Enklave auf Allgäuer Boden. Bis zur Einführung des Euro war dort die D-Mark gültig, hatte das Dorf bei nur 300 Einwohnern die größte Bankendichte Österreichs wegen des bei Deutschen gefragten, strengeren österreichischen Bankgeheimnisses. Heute ist Jungholz im Winter ein beliebter Skiort für Familien, im Sommer kommen die Gäste zum Wandern. Der Ort nennt sich auch Kräuterdorf – wegen des großen Kräutergartens bei der Kirche und der Vielzahl hier hergestellter Kräuterprodukte. Einheimische bieten geführte Kräuterwanderungen an. Es gibt einen Kräuterwirt und auch mehrere kräuterkundige Vermieter.

Restaurants

€€ | s'Höf Brauhaus Traditionelles Tiroler Gasthaus mit eigener Brauerei in Tannheim. Herzhafte Küche, rustikales Ambiente ■ Höf 19, 8675 Tannheim, Tel. 0676 912 26 43, www.hoef-brauhaus.at, Di–So ab 14, im Winter ab 16 Uhr

Tiefblaues Gewässer in einem Naturschutzgebiet, umgeben von Bergen: der Vilsalpsee

Gefällt Ihnen das?

Sie lieben Bergkäse? In Tirol wird er meist aus Heumilch hergestellt, für die die Kühe auf den Almen bis zu 1000 verschiedene Kräuter und Gräser fressen. Entsprechend würzig schmeckt er. Den Weg von der Rohmilch zum Endprodukt kann man in vielen Schausennereien verfolgen, neben der **Käserei Biedermann** in Grän (s. unten) in der **ErlebnisSennerei Zillertal** (S. 45) und beim **Wilden Käser** in Gasteig bei Kirchdorf (S. 65).

Einkaufen

Käserei Biedermann Bergkäse von den Almen des Tannheimer Tals ist die Spezialität der Käserei in Grän. Hergestellt werden auch Bergbutter und Joghurt. Dazu gibt es viele andere österreichische Spezialitäten und einen Schauraum mit Blick auf die Käseproduktion. ■ Seestr. 1, 6673 Grän, Tel. 05675 6463, www.biedermann-kaese.com, Mo–Fr 8.30–12.30, 14–18, Sa 8.30–12.30, 14–17 Uhr

Events

Älplerletze Bei der Älplerletze feiern die Senner und Hirten am Saisonende ihr eigenes Fest. Im September treffen sie sich bei der Bergstation am Füssener Jöchle, wo ein Gottesdienst abgehalten wird und der Klang von gut 50 Alphörnern eine stimmungsvolle Atmosphäre oben am Berg schafft. Eine ungewöhnliche Feier an einem aussichtsreichen und sehr idyllischen Platz, wo man bei einer Verlosung Kuhschellen gewinnen kann.

Wandern

Neunerköpfle Tannheims Hausberg ist ein beliebtes Ziel für Bergwanderer. Das mag daran liegen, dass man mit der Seilbahn bequem hinaufkommt. Oben gibt es das größte Gipfelbuch der Alpen und einen leichten Rundwanderweg. Beliebt ist das Neunerköpfle auch bei Gleitschirmfliegern. ■ www.tannheimer-bergbahnen.at

Alpe Stubental Etwa 45 Min. dauert die Wanderung zu dem beliebten Berggasthof oberhalb von Jungholz auf 1285 m Höhe. Rustikale Küche, Terrasse mit schöner Aussicht. Im Winter ist der Rückweg eine beliebte Rodelpartie. ■ Jungholz 42, 6691 Jungholz, Tel. 0676 930 19 69, www.alpestubental.com, Fr–Mi ab 10 Uhr

Sport

Kletter- und Bouldertreff Der neue Kletterbereich im Obergeschoss des Tourismusverbands Tannheimer Tal umfasst eine Kletterwand mit 250 m^2, von denen 170 m^2 ein Boulderbereich sind. Die maximale Wandhöhe beträgt 7,50 m, es gibt 18 Kletter- und 40 Boulderrouten. ■ Vilsalpseestr. 1, 6675 Tannheim, Tel. 05675 622 00, www.bouldertreff.tirol, Mo, Mi, Fr 13–22, Di, Do, Sa, So 13–18, in den Ferien ab 11 Uhr, Tageskarte 8 €, erm. 6/4,50 €

Reiterhof Berggut Gaicht Etwas oberhalb der Talstraße im Osten des Tannheimer Tals steht der Reiterhof, zu dem eine Reithalle, mehrere Pferdeställe und eine Cafeteria gehören. Auch Ferienwohnungen werden vermietet. Auf dem Programm stehen Ponyreiten für Kids und Ferienreitkurse. ■ Berggut Gaicht 17, 6672 Nesselwängle, Tel. 05675 818 20, www.berggut-gaicht.at

25 Lechtal

Schroffe Gipfel, Auenwälder und mit Lüftlmalereien verzierte Fassaden

Information

■ Tourismusbüro Elbigenalp, Untergiblen 23, 6652 Elbigenalp, Tel. 05634 53 15, www.lechtal.at

Vom Quellgebiet bei Lech auf der Vorarlberger Seite zieht sich der Fluss Lech durch das Gebiet des Außerfern bis Reutte und weiter zur bayerischen Grenze bei Füssen. Das breite offene Tal mit den weiten Auwiesen ist eine wichtige Durchgangsstrecke, bietet in den Seitentälern aber auch viele Möglichkeiten zum Wandern, Bergsteigen oder Radfahren. Kernstück ist der rund 41 km² große Naturpark Tiroler Lech. Die Orte des Lechtals verfügen über reich geschmückte Häuser wie z.B. Holzgau und Elbigenalp. In Elbigenalp, Heimat der »Geierwally« Anna Stainer-Knittel, befindet sich auch die einzige Schnitzschule Österreichs.

Im Blickpunkt

Ursprünglich und ungezähmt – der Lech

Der Lech ist der letzte Wildfluss der Nordalpen – noch weitgehend ungebändigt fließt er durch ein steiniges Flussbett, Kies und Schotter vor sich herschiebend und nach jeder Schneeschmelze seinen Lauf ändernd. Flussarme verzweigen und vereinen sich. Seine leuchtend türkisgrüne Farbe ist dem hohen Gehalt an Mineralien zu verdanken, die der Fluss aus den Felsen löst, und der niedrigen Wassertemperatur. Am wilden Lech konnten Tier- und Pflanzenarten überleben, die andernorts durch die Verbauung schon lange verschwunden sind: Orchideen und Spirken etwa, Flussregenpfeifer, Schnarrschrecken oder Sibirische Azurjungfern, eine der seltensten Libellenarten Europas.

Sehenswert

Naturpark Tiroler Lech

| Naturschutzgebiet |

17 *Eine der letzten intakten Wildflusslandschaften Europas*

2017 wurde der Naturpark Tiroler Lech in Österreich zum Naturpark des Jahres gekürt. Er ist das größte zusammenhängende Schutzgebiet Tirols, das sich im Talbereich befindet. Das Areal hat eine Fläche von rund 41 km² und umfasst auch die angrenzenden Überflutungszonen und die weiten flachen Auwiesen entlang des Lech, einem der letzten ungezähmten Wildflüsse Mitteleuropas. Das Naturparkhaus Klimmbrücke bei Elmen dient als Infostelle für den Park und ist Ausgangspunkt von Führungen.

■ Naturparkhaus, Klimm 2, 6644 Elmen, Tel. 0664 416 84 65, www.naturpark-tiroler-lech.at

Holzgau

| Dorf |

Eine Sehenswürdigkeit ist das kleine Dorf mit gerade mal 400 Einwohnern im oberen Lechtal aus mehreren Gründen. Zum einen sind viele Fassaden kunstvoll mit Lüftlmalereien verziert. Zum anderen erreicht man mit einem kurzen Spaziergang hinein ins

Höhenbachtal den Simms-Wasserfall, den der englische Industrielle Frederic Simms vor gut einem Jahrhundert künstlich anlegen ließ. Wesentlich jünger ist eine andere Attraktion. Erst seit 2012 gibt es die 200 m lange Fußgänger-Hängebrücke, die in 110 m Höhe das Tal quert.

ADAC *Spartipp*

Mit der im Übernachtungspreis enthaltenen **Lechtal Aktiv Card** ist die Benützung der Rad- und Wanderbusse in der ganzen Naturparkregion Lechtal und in den Seitentälern kostenlos.

Restaurants

€€ | Zur Geierwally Ein uriges kleines Gasthaus im Tiroler Stil passend zur Geschichte der Geierwally mit rustikaler Küche inklusive Kasspatzn und Knödel. ■ Haus Nr.40, 6652 Elbigenalp, Tel. 05634 6405, www.zur-geierwally.at, tgl. ab 17 Uhr, Mi, So geschl.

€€ | Landgasthof Adler Ganz hinten im Hornbachtal steht der Traditionsgasthof, der nach einem Ausflug oder einer Wanderung die ideale Einkehr ist. Hier wird bodenständig aufgekocht. ■ Hinterhornbach 17, 6646 Stanzach, Tel. 05632 318, www.landgasthof-adler.at, Ende Mai–Ende Okt. Mi–Mo 10–22 Uhr

Bühne

Geierwally Freilichtbühne

| Theater |

Eine eindrucksvolle Kulisse für eine legendäre Geschichte. Die Geierwally Freilichtbühne ist eine in den Fels gehauene Naturbühne in der Bernhardstalschlucht bei Elbigenalp. Das passt gut zur Geschichte der Geierwally, die sich im gleichnamigen Roman einer ihr aufgezwungenen Hochzeit verweigert und zur Strafe von ihrem Vater auf eine einsame Hochalm verbannt wird. Dort ist sie als Ziegen- und Schafhirtin ganz auf sich allein gestellt, nur ein Geierjunges leistet ihr Gesellschaft (siehe auch S. 78). 1993 wurde die Bühne mit einer Neufassung der alten Geierwally-Geschichte vom Tiroler Autor Felix Mitterer eröffnet. Zum Repertoire gehören auch andere Volksstücke wie »Kaspar und die Wilderer« oder »Die Schwabenkinder«.

■ Untergiblen 23, 6652 Elbigenalp, Tel. 05634 53 15 12, www.geierwally.at, Karten ab 23 €

Wandern

Lechweg Ein Weitwanderweg entlang einem der letzten Wildflüsse Europas. Die insgesamt rund 125 km lange Strecke führt von der Quelle am Formarinsee bis zum Lechfall in Füssen. Ein Großteil davon verläuft auf Tiroler Boden. Sieben Etappen hat der Lechweg, den man in der verkürzten Version von Warth/Steeg bis Füssen an der Grenze zu Tirol ab Mitte Mai begehen kann, komplett ab Ende Juni. Viele halten den ersten Abschnitt für den schönsten. ■ www.lechweg.com

Hornbachtal Bei Stanzach zweigt dieses idyllische, vom Hornbach durchflossene Seitental des Lech ab, das einzige, das sich zu den Allgäuer Alpen hin wendet. Es ist im Sommer ideal für Bike- und Wandertouren. Im Winter kommen viele Langläufer. Im Gasthof Alpenrose in Hinterhornbach gibt es ein privates Jagdmuseum (www.alpenroseinfo.at).

Übernachten

Wer in der Zugspitzregion eine Unterkunft sucht, hat die beste Auswahl in den Orten Ehrwald, Lermoos und Biberwier. Schöne Unterkünfte in ebenso schöner Landschaft sind die Stärke des Mieminger Plateaus und des Tannheimer Tals. Im Lechtal gibt es noch viele traditionsreiche Gasthöfe, die sich seit Generationen in Familienbesitz befinden. Einige davon haben sich mit speziellen Angeboten auf Wanderer auf dem Lechweg eingestellt.

Mieminger Plateau 74

€€ | **Gasthof Aschlandhof** Freundlicher Familienbetrieb in sehr ruhiger, naturnaher Lage im Weiler Aschland westlich von Obsteig. Zimmer und Apartments mit Balkon, Restaurant mit ausgezeichneter regionaler Küche. Eine Spezialität des Hauses sind die fünf Lamas, mit denen die Gäste Ausflüge unternehmen können. ■ Aschland 117, 6416 Obsteig, Tel. 05264 8245, www.aschlandhof.com

€€€ | **Alpenresort Schwarz** Eine Welt für sich ist die große Hotelanlage in Wildermieming mit weitläufigem Hotelgarten, 9-Loch und 18-Loch-Golfplatz, einem Wellnessbereich auf 5500 m² mit neun Pools und hoteleigener Almhütte. ■ Obermieming 141, 6414 Mieming, Tel. 05264 521 28 00, www.schwarz.at

€€€ | **Familien-Landhotel Stern** Eine Kombination aus Traditionsgasthof und modernem Familienhotel am Ortsrand von Obsteig direkt an der Straße durch das Tannheimer Tal. Saunawelt und Massage, umfangreiche Kinderbetreuung. Kostenloser Mountainbike-Verleih, E-Bikes und Elektroauto gegen Gebühr. ■ Unterstrass 253, 6416 Obsteig, Tel. 05264 81 01 76, www.hotelstern.at

Ehrwald und Lermoos 75

€ | **Mellow Mountain Hostel** Ehemaliges Hotel, das zu einem Hostel der besonderen Art umgestaltet wurde. Die Einrichtung kennzeichnet eine gelungene Mischung aus alpin und funktional. Gemeinschaftsräume, Gemeinschaftsküche und Zimmer mit zwei bis sechs Betten, Dampfbad und Sauna im Haus. ■ Hauptstr. 85, 6632 Ehrwald, Tel. 0664 386 92 55, www.mellowmountain.at

€€–€€€ | **Zugspitz Resort** Eine Kombination aus Campinganlage und Viersternehotel im Ortsteil Obermoos bei Ehrwald direkt bei der Talstation der Zugspitzbahn. Inklusive Wellnessbereich mit Hallenbad, Saunalandschaft und Massage. Clubs für Kinder unterschiedlicher Altersgruppen. ■ Obermoos 1, 6632 Ehrwald, Tel. 05673 23 09, www.zugspitz-resort.at

€€€ | **Hotel Alpenrose** Beliebtes Familienhotel der Viersternekategorie mit umfangreichem Freizeitangebot für den Nachwuchs. Das Hotel steht an der Hauptstraße in Lermoos und bietet verschiedene Clubs für den Nachwuchs und viel Wellness auch speziell für Kinder. ■ Danielstr. 3, 6631 Lermoos, Tel. 05673 24 24, www.hotelalpenrose.at

Reutte und Plansee 77

€ | **Hotel Gasthof Klause** Direkt unter der Highline 179, der spektakulären Hängebrücke bei Reutte, steht der traditionelle Gasthof, der zur Burgenwelt Ehrenberg gehört. Schöne renovierte Zimmer und gemütliches Restaurant im historischen Salzstadel. Nur wenige Autominuten von Reutte entfernt. ■ Klause 1–5, 6600 Reutte, Tel. 05672 622 13, www.ehrenberg.at

€€ | **Alpenhotel Ammerwald** Etwas ungewöhnlich wirkt das sehr modern gestaltete Hotel mitten in der Natur im Ammerwald. Das Hotel steht an der Straße von Linderhof nach Reutte und gehört dem BMW Konzern, der es für Seminare nutzt. Zu anderen Zeiten kann man hier relativ günstig logieren. Guter Ausgangsort für Wanderungen in der Natur. ■ Ammerwald 1, 6600 Reutte, Tel. 05672 78 13 10, http://s536146543.online.de/ammerwald

€€ | **Hotel Maximilian** Am Ostufer des Lech im Vorort Ehrenbichl bei Reutte und nahe bei der Ruine Ehrenberg steht das Mittelklassehotel. Klassisch eingerichtete Zimmer, kleiner Wellnessbereich mit Sauna und Dampfbad. ■ Reuttener Str. 1, 6600 Reutte/Ehrenbichl, Tel. 05672 625 85, www.hotelmaximilian.at

Tannheimer Tal 79

€€ | **Der Laterndl Hof** Romantik Resort und Spa nennt sich das herrlich nahe dem Ufer des Haldensees gelegene Hotel. Klassisches Interieur, umfangreicher Wellnessbereich, gute Küche. ■ Haller 16, 6672 Haller, Tel. 05675 82 67, www.laterndlhof.com

€€ | **Hotel Berghof** Klassisches, familiengeführtes Dreisternehotel in ruhiger und dennoch zentraler Lage in Nesselwängle, dem südlichsten Ort des Tannheimer Tals. Geschmackvoll renoviertes Interieur und kleiner Wellnessbereich. Spielzimmer für Kids. ■ Nesselwängle 59, 6672 Nesselwängle, Tel. 05675 201 99, www.hotel-berghof-tannheimertal.com

€€€ | **La Soa Chalets** Neues Chalethotel mit kleineren und geräumigeren Einheiten für zwei bis acht Personen, Sauna und Außenwanne inklusive. Elegantes Interieur. Günstige Lage neben der Sesselbahn in Schattwald. ■ Schattwald 80, 6677 Schattwald, Tel. 05675 210 00, www.la-soa.at

Lechtal 82

€ | **Gästehaus Branders** Mehr Ruhe und Natur geht kaum. Das urige Bergdorf oberhalb des Lechtals an der Straße Richtung Berwang hat nur 76 Einwohner. Im Gästehaus Branders, das seit Kurzem von einem belgischen Paar geführt wird, wohnt man gemütlich rustikal in Doppelzimmern oder Ferienwohnungen. ■ Namlos 13, 6623 Namlos, Tel. 05674 84 06, www.branders-tirol.com

€€ | **Hotel Post** Viersternehotel in Steeg an der Lechtalstraße mit geräumigen Zimmern im rustikalen Stil. Gutes Restaurant mit Haube von Gault-Millau. Wellnessbereich mit Außenpool und Saunalandschaft. ■ Steeg 17, 6655 Steeg, Tel. 05633 53 07, www.poststeeg.at

€€ | **Hotel Stern** Seit rund 300 Jahren ist das Viersternehotel in Elbigenalp in Familienbesitz. Rustikal und schnörkellos eingerichtete Zimmer. E-Bike Verleih im Haus. ■ Dorf 7, 6652 Elbigenalp, Tel. 05634 62 02, www.hotel-stern.at

Tiroler Westen

In den Seitentälern des oberen Inn tobt im Winter der Skizirkus, im Sommer geht es deutlich gelassener zu

Mächtige Berge entlang des Alpenhauptkamms, berühmte Täler und Ferienorte und das breite Inntal als Hauptader – das ist typisch für den Tiroler Westen. Das Gebiet, das von den Ötztaler Alpen im Südosten, den Lechtaler Alpen im Norden und dem Arlberg im Westen eingerahmt wird, bietet sehr viel Abwechslung von idyllischen einsamen Tälern bis zu den quirligen Hochburgen des Skitourismus im Ötztal, im Paznaun oder am Arlberg. Im Sommer geht es hier ruhiger zu, doch die Tourismus-Verantwortlichen sorgen für ein stetig wachsendes Angebot an Outdoor-Action. Zum Wandern und Klettern haben sich Mountainbiken und Paragliden, Rafting und Canyoning gesellt.

Das Oberland – so nennen es die Einheimischen – mag für viele Reisende nur Durchgangsstation auf dem Weg nach Süden oder Richtung Schweiz sein. Es lohnt aber, sich mit den Tälern rechts und links der Inntalautobahn näher zu beschäftigen.

In diesem Kapitel:

ADAC Top Tipps:

9 **Stuibenfall**
| **Wasserfall** |
Tirols größter Wasserfall stürzt über 159 m und zwei Steilstufen ins Tal. Auf mehreren Aussichtsplattformen kommt man den tosenden Wassermassen ganz nah. ... 89

ADAC Empfehlungen:

18 **Ötzi-Dorf**
| **Steinzeit-Themenpark** |
In dem archäologischen Freilichtpark kann man hautnah erfahren, wie der berühmte Gletschermann und seine Zeitgenossen vor 5000 Jahren in den Alpen lebten. ... 88

19 **Top Mountain Motorcycle Museum**
| **Motorradmuseum** |
Direkt an der Mautstelle der Passstraße über das Timmelsjoch sind in Europas

26

18

9

27

Im Blickpunkt

Moderne Architektur

Nicht nur was Berge, auch was Architektur angeht, ist Tirol ganz auf der Höhe. Das beweisen Bauten wie die Skisprungschanze und die Stationen der Hungerburgbahn in Innsbruck (Zaha Hadid), die Gaislachkogelbahn und das Restaurant Ice Q (Johann Obermoser) oder der Kunst- und Konzertsaal arlberg1800 (Jürgen Kitzmüller). Echte Hingucker und vielfach für ihre Architektur ausgezeichnet sind die Märkte der Supermarktkette M-Preis. Die Projekte werden gern an junge Talente vergeben und sollen von Form und Material her zur Region und zur Landschaft passen. Besonders gelungen sind die Filialen in Sölden und in Wenns im Pitztal (beide Rainer Köberl). Mit dem Tool architek[tour] tirol kann man individuelle Touren zu modernen Bauten in Tirol zusammenstellen (www.guide.aut.cc).

26 Ötztal

Hier befinden sich der höchste Gipfel und der mächtigste Wasserfall Tirols

Information

- Ötztal Tourismus, Gemeindestr. 4, 6450 Sölden, Tel. 057 200, www.oetztal.com

Etwa 30 Autominuten westlich von Innsbruck zweigt vom Inntal in südlicher Richtung das Ötztal ab. Das 65 km lange Tal gehört zu den touristisch bedeutendsten Regionen Tirols. Für das entsprechende Freizeitprogramm sorgen 250 Dreitausender, darunter Tirols höchster Gipfel, die Wildspitze mit 3768 m, und 86 Gletscher, zahlreiche Freizeitparks, eine breit gefächerte Hotellerie und mehrere Skigebiete. Die Hauptorte sind Ötz mit vielen bemalten Häusern im schönen historischen Zentrum und das quirlige Sölden, mit 466 km² die flächenmäßig größte Gemeinde Österreichs. Es gibt aber auch Orte, die abseits des Trubels noch Ruhe und Ursprünglichkeit bieten, wie das 1530 m hoch gelegene Niederthai mit guten Wandermöglichkeiten und kleinem Skigebiet im Winter oder der Piburger See auf der anderen Talseite, einer der wärmsten Seen Tirols.

Sehenswert

Ötzi-Dorf

| Steinzeit-Themenpark |

18 *Spannende Einblicke in das Leben des berühmten Gletschermanns*

Vor rund drei Jahrzehnten wurden die Überreste des berühmtesten Ötztalers oben am Similaun an der Grenze zu Südtirol gefunden. Wie Ötzi und seine Zeitgenossen von rund 5000 Jahren in der Jungsteinzeit gelebt haben, demonstriert bei Umhausen das Ötzi-Dorf mit nachgebauten Hütten und Pfahlbauten, Arbeits- und Jagdgeräten, einem Feld mit frühen Nutzpflanzen und einem Gehege mit alten Haustierrassen. Kurse u.a. im Bogenschießen, Feuermachen und Fallenbauen ergänzen das Programm.

■ Am Tauferberg 8, 6441 Umhausen, www.oetzi-dorf.at, Mai–Okt. tgl. 9.30–17.30, Okt. bis 17 Uhr, 8,10 €, erm. 7,30/4 €

Stuibenfall

| Wasserfall |

9 *Wolken aus Wasserstaub ragen meterhoch in den Himmel*

Tirols mit 159 m höchster Wasserfall stürzt über zwei Stufen ins Tal, begleitet von einem neuen Wegesystem mit Aussichtsplattformen und 80 m langer Hängebrücke. Von Ende Juni bis Mitte Oktober kann man das Naturschauspiel auch nachts bestaunen: Mittwochs finden Laternenwanderungen zum beleuchteten Stuibenfall statt.

■ Laternenwanderung 4 €, bis 14 Jahre frei, Anmeldung erforderlich unter Tel. 05720 04 00, umhausen@oetztal.com

Ötztaler Heimat- und Freilichtmuseum

| Heimatmuseum |

Ein original eingerichtetes Wohnhaus und mehrere Nebengebäude mit Arbeitsgeräten geben einen Eindruck vom Leben im Ötztal vor 50 Jahren. Man erfährt auch viel über den Flachsanbau, bis ins 19. Jh. in der Region die Haupteinnahmequelle.

■ Lehn 24, 6444 Längenfeld, www.oetztal-museum.at, Juni–Sept. Mo–Fr 10–12, 14—17, So 14–16, Mai und Okt. auch Di, Do 10–12, 14–16 Uhr, 5 €, erm. 4/1 €

Über 159 m und zwei Steilstufen stürzt der Stuibenfall ins Tal

Top Mountain Motorcycle Museum

| Motorradmuseum |

19 *Europas höchstgelegenes Motorradmuseum auf 2175 m*

Über das 2509 m hohe Timmelsjoch verläuft eine kurvenreiche, landschaftlich reizvolle Passstraße nach Südtirol. Sie ist nur in den Sommermonaten geöffnet. Vor allem Motorradfahrer lieben die Strecke – neuerdings noch mehr, denn direkt bei der Mautstelle hat die Hoteliersfamilie Scheiber aus Hochgurgl ein Motorradmuseum mit einer hochkarätigen Sammlung historischer Maschinen eröffnet. Zu sehen sind über 230 Motorräder von mehr als 100 verschiedenen Herstellern.

■ Timmelsjoch-Hochalpenstraße, www.crosspoint.tirol, im Sommer tgl. 9.30–18 Uhr, 10 €

Aqua Dome: Wellness auf höchstem Niveau im doppelten Sinne des Wortes

007 Elements

| James-Bond-Erlebniswelt |

Ein Tribut an das Gastspiel von James Bond ist das verglaste Bauwerk in 3054 m Höhe auf dem Gaislachkogel direkt bei der futuristischen Bergstation und neben dem Haubenrestaurant Ice Q, wo für »Spectre« gedreht wurde. Es beherbergt eine Reihe von interaktiven Hightech-Galerien mit dramatischen Klangkulissen, spektakulären Actionszenen und diversen technischen Spielereien.

■ Mitte Juli–Sept., Ende Okt.–April tgl. 9–15.30 Uhr, 22 €, erm. 17/12 €

Vent

| Bergsteigerdorf |

Das bekannte Bergsteigerdorf im bei Sölden nach Westen abzweigenden Venttal ist eine beliebte Adresse bei Alpinisten. Vent liegt auf knapp 1900 m Höhe, kurz unterhalb der Baumgrenze, und ist Ausgangspunkt für Touren zur Wildspitze, dem höchsten Berg Tirols, und zum Similaun, dem Ötzi-Fundort. Im späten 19. Jh. war hier Franz Senn als Geistlicher tätig, der sich als Tourismuspionier und Mitbegründer des Alpenvereins engagierte. Heute besteht Vent überwiegend aus Hotels und Gasthäusern, es gibt auch eine Bergführerstelle. Eine viel besuchte Sehenswürdigkeit sind die etwas oberhalb des Dorfs auf 2010 m gelegenen Rofenhöfe, die höchste ganzjährig bewohnte Bergbauernsiedlung Österreichs. 1940 waren sie Drehort einer Verfilmung der »Geierwally« mit Heidemarie Hatheyer in der Hauptrolle.

■ www.vent.at

Restaurants

€€ | Gasthof Krone Eine mit Lüftlmalerei verzierte Fassade, gemütliche holzvertäfelte Stuben und eine große Terrasse vor dem Eingang: Die Krone in Umhausen bietet viel Tradition, dazu eine bodenständige Tiroler Küche mit Spezialitäten von Kasspatzen bis zur Spanferkelhaxe auf der Basis regionaler Zutaten. ■ Dorf 30, 6441 Umhausen, Tel. 05255 500 48, www.krone-umhausen.at, Mo, Mi–Sa 11–21, So 9.30–21 Uhr

€€€ | Ice Q Das spektakulärste Restaurant im Ötztal steht bei der Bergstation am Gaislachkogel auf 3028 m Höhe. Ungewöhnlich ist die Architektur mit der Glasfassade (Abb. S. 88) und auch die Geschichte, denn hier oben wurde für den James-Bond-Streifen »Spectre« gedreht. Anspruchsvolle Haubenküche mit tollem Blick auf 250 Dreitausender. ■ Gaislachkogel 3a, 6440 Sölden, www.iceq.at, tgl. 9–16 Uhr, Summit Dinner nach Reservierung

Einkaufen

Bauernladen In Längenfeld gibt es direkt an der Hauptstraße einen Bauernladen, der Produkte aus der regionalen Landwirtschaft anbietet – von Speck und Käse über Honig und Schnäpse bis hin zu Kräuterkissen. ■ Unterlängenfeld 88, 6444 Längenfeld, Tel. 0664 411 26 04, Fr 9–12, 15–18 Uhr

Sport

Area 47 In dem Outdoor-Erlebnispark steht Action auf dem Programm, von Rafting und Canyoning über Motocross und Mountainbiken bis zu Klettern am Fels oder im Hochseilgarten. Die Water Area verspricht Wasserspaß beim Wakeboarding, Blobbing und auf der Wasserschanze. Übernachten kann man in hölzernen Blockhäusern und Tipis, den Energiespeicher wieder auffüllen im Lakeside Restaurant. ■ Oetztaler Achstr. 1, 6430 Oetztal-Bahnhof, Tel. 05266 876 76, www.area47.at

Entspannung

Aqua Dome Die imposante Badelandschaft der modernen Therme umfasst zwei Indoor-Thermalbecken, Sport- und Flussbecken, Schwebe- und Massageschalen im Außenbereich und eine weitläufige Saunalandschaft. Im Spa kann man sich mit Massagen und Beauty-Anwendungen verwöhnen lassen, für Kids gibt es die Alpen Arche Noah mit Wasser-Funpark an Deck eines Schiffes und Riesenrutschen. ■ Oberlängenfeld 140, 6444 Längenfeld, Tel. 05253 64 00, www.aqua-dome.at, tgl. 9–23 Uhr, 3 Std. ab 21 €, erm. 11,50 €

Erlebnisse

Friedl mit der leeren Tasche In der ersten Septemberhälfte wird auf den Almwiesen zwischen Vent und Marzellferner zu mehreren Terminen das Wandertheater »Friedl mit der leeren Tasche« aufgeführt. Dabei spielen Schauspieler in historischen Kostümen an mehreren Standorten die Flucht Herzog Friedrichs durch das Ötztal nach Meran nach. Die mit Ohrstöpseln ausgestatteten Zuschauer folgen dem Geschehen, das sie mal aus der Nähe, mal aus der Ferne verfolgen, aber immer deutlich hören können. Insgesamt sind fast 700 Höhenmeter und 19,5 km Strecke zu bewältigen. ■ www.wandertheater-friedl.oetztal.com, Tickets 35 €, erm. 20 €

27 Imst

Die Oberland-Metropole ist berühmt für den Brauch des Schemenlaufens

Information

■ Imst Tourismus, Johannesplatz 4, 6460 Imst, Tel. 05412 69 10, www.imst.at

Die Kleinstadt Imst mit ihren knapp 10 000 Einwohnern zählt zu den wichtigsten Orten im Oberland. Verkehrstechnisch liegt sie sehr zentral an der Inntalautobahn am Westeingang in den Roppentunnel und an der Strecke Richtung Fernpass. Sehenswert ist das historische Zentrum mit schönen barocken Bürgerhäusern. Im Stadtbild fallen die vielen historischen Brunnen auf – zwölf in der Ober- und acht in der Unterstadt (Rundgang zum Downloaden unter www.brunnenstadt.at).

Sehenswert

Haus der Fasnacht

| Brauchtumsmuseum |

Der alle vier Jahre stattfindende Imster Schemenlauf wurde 2012 als erster österreichischer Brauch in die Liste des immateriellen UNESCO-Weltkulturerbes aufgenommen. Im Haus der Fasnacht wird er mit moderner Technologie (Filmprojektionen, Ton- und Textcollagen), vielen Kostümen sowie alten und neuen Masken anschaulich dokumentiert.

■ Streleweg 6, 6460 Imst, www.fasnacht.at, Fr 16–19 Uhr, 5 €, erm. 2/1 €

ADAC *Mobil*

Wer sich die Fahrt durch den 5 km langen **Roppener Tunnel** sparen will, kann von Innsbruck kommend auch die Ausfahrt Ötztal nehmen und beim Kreisverkehr rechts Richtung Imst auf der Bundesstraße weiter fahren.

Rosengartenschlucht

| Wildbachschlucht |

Nicht nur für Geologen ein Erlebnis ist die Wanderung durch die rund 1,5 km lange Schlucht des Schinderbachs. Der Weg beginnt in der Unterstadt von Imst bei der Johanneskirche und führt auf Holzstegen, über Brücken und durch Felstunnel zur Blauen Grotte nahe der Seilbahnstation Hoch-Imst. Unterwegs sind 250 Höhenmeter zu bewältigen.

■ Mai–Okt., Eintritt frei, Führungen Mo 14–17.30 Uhr, Anmeldung im Tourismusbüro

Restaurants

€€ | **Gasthof Hirschen** Klassischer Tiroler Gasthof unmittelbar neben der Pfarrkirche. Die bodenständige Küche verwendet regionale Zutaten, der Weinkeller ist gut sortiert. ■ Thomas-Walch-Str. 3, 6460 Imst, Tel. 05412 69 01, www.hirschen-imst.com, tgl. 7–24 Uhr

Kinder

Alpine Coaster Österreichs längste Sommerrodelbahn ist gut 3,5 km lang. Von der Seilbahnstation Hoch-Imst geht es über 500 Höhenmeter und mit 40 km/h rasant talwärts. Unterwegs sorgen Steilkurven, »Jumps« mit einem Gefälle von bis zu 6 m und ein 450-Grad-Kreisel für Kicks. ■ www.imsterbergbahnen.at, Mai–Okt. Do–So, Ende Juni–Anfang Sept. tgl. 10–17 Uhr, 1 Fahrt 7,50 €, erm. 5,30 €

Rasanter Fahrspaß über Almwiesen und durch Wäldchen: der Alpine Coaster Imst

In der Umgebung

Fernsteinsee

| Badesee |

Auf dem Weg von Imst Richtung Fernpass liegt kurz hinter Nassereith dieser in Privatbesitz befindliche Bergsee. Er gehört zum Naturresort Schloss Fernsteinsee. Auch Nicht-Hotelgäste können hier baden, tauchen und Boote leihen oder einfach am Ufer spazieren gehen. ■ Fernstein 475, 6465 Nassereith, Tel. 05265 52 10, www.fernsteinsee.at

28 Pitztal

Vor allem im vorderen Bereich hat sich das Tal viel Ursprünglichkeit bewahrt

Information

■ Tourismusverband Pitztal, Unterdorf 18, 6473 Wenns, Tel. 05414 869 99, www.pitztal.com

Bei Imst zweigt das Pitztal nach Süden ab und erstreckt sich weit hinein in die hochalpine Bergwelt. Am Eingang bei Arzl erwarten Besucher zunächst etliche steile Kurven. Zwischen Wenns und Jerzens weitet sich das Tal, und die Straße verläuft gerader. Etwa im Zentrum des Tals liegt sein Hauptort St. Leonhard – von dort führt die Wildspitzbahn auf den Hohen Brunnenkogel (3440 m), den höchsten per Seilbahn erreichbaren Ort Österreichs. Im inneren Pitztal wird es wieder eng, steigen die Hänge steil auf. Am Talschluss bei Mittelberg wartet die Hauptattraktion, das Gletscherskigebiet. Hier findet jeder Platz für weite Schwünge, und das Panorama der Ötztaler Dreitausender ist atemberaubend. Im Sommer stehen Outdooraktivitäten von Wandern übers Klettern bis zu Flossfahrten auf dem Rifflsee auf dem Programm.

Sehenswert

Zirbenpark Hochzeiger

| Erlebnisweg |

Der Zirbenwald am Hochzeiger oberhalb von Jerzens schützt den Ort seit jeher vor Lawinen- und Murenabgängen. Die Kiefernart mit dem aromatischen Duft kann aber noch mehr: Ihre ätherischen Öle beruhigen, entspannen und verhelfen zu einem erholsameren Schlaf. Seit 2015 thematisiert bei der Mittelstation der Hochzeiger-Gondelbahn auf 2000 m Höhe ein Themenweg die Zirbe mit all ihren Facetten. Unterwegs gibt es Abenteuer-, Spiel- und Relaxstationen, darunter den ZirbenZapfen-Turm mit 16 m langer Röhrenrutsche, das 6 m hohe ZirbenNest, den Wasserspielplatz ZirbenWasser und die ZirbenCarts mit 3,7 km langer Downhill-Strecke. Das Zeigerrestaurant an der Mittelstation serviert Zirben-Spezialitäten.

■ Mittelstation der Hochzeiger-Bergbahn, www.hochzeiger.com, tgl. 9–17 Uhr, Berg- und Talfahrt 18 €, erm. 6,50 €

Das Pitztal bietet Kraxlern rund 120 Routen und sieben Klettergärten

Pitztaler Gletscher

| Aussichtspunkt |

Nicht nur die Skipisten sind eine Attraktion auf dem Pitztaler Gletscher. Hier gibt es auch das Café 3440, das höchstgelegene Kaffeehaus Österreichs. Es wird versorgt von Österreichs höchstgelegener Konditorei. Kurze Fußwege führen zu einer Aussichtsplattform mit spektakulärem Blick auf rund 50 Dreitausender und zur Kapelle des Weißen Lichts, einem skulpturalem Bau aus Carrara-Granit mit mächtigem Titan-Portal. Im Sommer finden jeden Di und Do ca. dreistündige, geführte Gletscherwanderungen statt.

■ Pitztaler Gletscherbahn, www.tirolgletscher.com, Sa–Do 8.30–16.20, Berg- und Talfahrt 22 €, erm. 19,50/13,50 €

Sport

Alpincenter Pitztal Acht Parcours mit unterschiedlichen Schwierigkeitsgraden stehen im Waldseilgarten bei Jerzens zu Wahl. Für die ganz Kleinen gibt es den Pitziweg. Etwas Mutigere können sich auf den 160 m langen Flying Fox wagen. Darüber hinaus werden Kletterkurse, Canyoning- und Gletschertouren sowie Mountainbiken und Paragliding angeboten. ■ Liss 270, 6474 Jerzens, Tel. 05414 869 10, www.alpincenter-pitztal.com

Floßfahrt auf dem Rifflsee Auf dem Rifflsee im hinteren Pitztal auf 2232 m wird seit 2017 Europas höchste Floßfahrt angeboten. Ein Elektromotor treibt das hölzerne Gefährt an, das bis zu 60 Passagieren Platz bietet. Bei der 45-minütigen Fahrt genießt man herrliche Aussichten und erhält viele Infos über die Natur und die Geschichte im Pitztal. ■ www.pitztal.com, Mitte Juni–Anfang Okt. tgl. 13.30, Juli, Aug. auch 10.30 Uhr, 12 €, erm. 7 €

29 Landeck

Gleich drei Festungen wachen über die Stadt an der Innbiegung

Information

■ Tourismusbüro Landeck, Malerstr. 10, 6500 Landeck, Tel. 05442 656 00, www.tirolwest.at

Die Stadt Landeck mit ihren 7800 Einwohnern liegt dort, wo das Inntal, das Paznauntal und das Richtung Arlberg verlaufende Stanzer Tal zusammenkommen. Ein solcher Verkehrsknotenpunkt hat natürlich Geschichte, wovon das mittelalterliche Schloss Landeck ebenso zeugt wie freskengeschmückte Bürgerhäuser im schönen Stadtkern. Seitdem die Straße Richtung Inntal und Engadin westlich in einen langen Tunnel abzweigt und nicht mehr durch den Ort führt, hat Landeck an Lebensqualität deutlich gewonnen.

Sehenswert

Schloss Landeck

| Heimatmuseum |
Landeck mit seinem kantigen Turm wurde im frühen 13. Jh. von den Grafen von Olten erbaut und ist heute das schon von Weitem erkennbare Wahrzeichen des Ortes. Das Schloss beherbergt das Heimatmuseum, das in 15 Räumen Themen wie Brauchtum und Religion, Freiheitskämpfe und Hexenprozesse beleuchtet. Einen weiteren Schwerpunkt bildet das Schicksal der einstigen Auswanderer und speziell auch der Schwabenkinder (s. oben). Die Galerie im Schloss ist ein Forum für internationale und Tiroler Gegenwartskunst.
■ Schlossweg 2, 6500 Landeck, www.schlosslandeck.at, April–Okt. tgl. 10–17, sonst 13–17 Uhr, 7,70 €, erm. 4,20 €

Im Blickpunkt

Schwabenkinder

Im 18. und 19. Jh. zwang unvorstellbare Not viele Bergbauern im Tiroler Westen, ihre Kinder als saisonale Arbeitskräfte nach Schwaben zu schicken. Dort arbeiteten sie als Hütejungen, Mägde oder Knechte, gegen geringen Lohn, während ihrer Abwesenheit mussten sie aber nicht versorgt werden. Im Frühjahr wurden die Jungen und Mädchen auf Kindermärkten wie Sklaven zum Verkauf angeboten, dann ging es zu Fuß über die oft noch schneebedeckten Alpen. Häufig wurden die Schwabenkinder ausgebeutet, die Kleinen litten unter schlimmem Heimweh. Das Museum im Schloss Landeck (s. unten) dokumentiert ihr Schicksal.

Restaurants

€€ | **Post-Gasthof Gemse** Die Gams in Zams, einem Vorort von Landeck ein paar Kilometer innabwärts, ist seit dem frühen 18. Jh. in Familienbesitz. In den historischen Gaststuben werden regionale Spezialitäten mit Zutaten aus

Schloss Landeck ist heute auch ein Zentrum der bildenden Kunst

der eigenen Landwirtschaft aufgetischt. ■ Hauptplatz 1, 6511 Zams, Tel. 05442 624 78, www.postgasthof-gemse.at, Mo, Di, Fr, Sa 11.30–14, 17.30–21, So 11.30–20 Uhr

In der Umgebung

Stanz

| Brennereidorf |

Das kleine Dorf oberhalb von Landeck ist bekannt für die wohlschmeckenden Zwetschgen und für seine Schnapsbrennerkultur. Auf 570 Einwohner kommen hier über 60 Brennereien. Das liegt nicht etwa an den Trinkgewohnheiten der Einheimischen, sondern an der sonnigen Lage, in der die Früchte besonders gut gedeihen. Vorzeigebrenner von Stanz ist Christoph Kössler, der für seine Destillate schon viele Preise erhielt.

■ www.brennereidorf.at

Museum Fließ

| Archäologisches Museum |

Die Gemeinde Fließ liegt an der ehemaligen Via Claudia Augusta – Funde von der 2000 Jahre alten Römerstraße sind im Dokumentationszentrum Via Claudia Augusta und im Archäologischen Museum ausgestellt.

■ Dorf 89 und 115, 6521 Fließ, www.museum.fliess.at, Mai–Okt. Di–So 10–12, 15–17 Uhr, 6 €, im Winter 5 €

Naturparkhaus Kaunergrat

| Infozentrum |

In dem modernen Gebäude mit Café-Restaurant und Aussichtsplattform auf der anderen Straßenseite gibt die Ausstellung »3000 m vertikal« multimediale Einblicke in die Ökologie des Naturparks Kaunergrat.

■ 6521 Fließ, Gachenblick 100, www.kaunergrat.at, Juni–Sept. tgl. 10–18, sonst 10–17 Uhr, 4 €, erm. 2 €

30 Serfaus-Fiss-Ladis

Sonnenverwöhnte Region mit besonders vielen Angeboten für Familien

Information

■ Tourismusverband Serfaus-Fiss-Ladis, Gänsackerweg 2, 6534 Serfaus, Tel. 05476 62 39, www.serfaus-fiss-ladis.at

Die drei Orte Serfaus, Fiss und Ladis treten als gemeinsame Urlaubsdestination auf, sind im Winter ein gefragtes Skigebiet und im Sommer dank der sonnigen Höhenlage über dem Inntal ideal zum Wandern und Bergsteigen. Oberes Gericht heißt die Gegend auch, wegen der im Mittelalter hier ansässigen Hohen Gerichtsbarkeit. Heute hat sie sich als Premium-Familienziel etabliert, bietet ein sehr umfangreiches Angebot an Freizeitaktivitäten am Berg. Weitsicht bewies man in Serfaus, wo man schon in den 1970er-Jahren den Autoverkehr aussperrte.

Sehenswert

Burg Laudeck

| Burg |

Die auf das 13. Jh. zurückgehende Burg thront auf einem Schieferfelsen und ist ein unübersehbarer Orientierungspunkt mit einer Ringmauer und einem markanten Bergfried, der einst als Wohnturm genutzt wurde. Bis ins 16. Jh. war Laudeck Sitz des Landesgerichts, später diente das Gemäuer als Gefängnis und Waffendepot. Heute befindet sich die Burg in Privatbesitz, kann aber im Sommer bei Führungen besichtigt werden.

■ Führungen Juni–Sept. Mi 9, 9.45, 10.30 und 11.15 Uhr, 6 €

Crystal Cube und Aussichtsplattform Z1

| Aussichtspunkt |

Bei Fiss thront der Crystal Cube auf 2600 m Höhe, ein Glaskubus, der aussieht, als würde er gleich ins Tal hinabrollen. Man kann ihn für ein Sektfrühstück, einen Gourmet-Lunch oder den Afternoon Tea buchen (60,50/81/46,60 € pro Person). Für jeden zugänglich ist die Aussichtsplattform Z1 nebenan mit traumhaftem 360-Grad-Panoramablick auf die umliegenden Dreitausender.

■ Fisser Bergbahnen, www.bergbahnen-fiss.at, Berg- und Talfahrt 21,50 €, erm. 18,50 €

Serfauser Erdpyramiden

| Geologisches Phänomen |

Ein ungewöhnliches Naturszenario gibt es am Westrand von Serfaus oberhalb der Talstation der Komperdellbahn zu bestaunen: Die Erdpyramiden sind durch Erosion von Moränenschutt entstanden. Dabei bewahrten oben aufliegende härtere Felsbrocken das lockere Gestein darunter vor Abtragung. Vom Dorfzentrum aus erreicht man die bizarren Türme im Rahmen einer halbstündigen Wanderung durch das Tal des Edelbachs.

ADAC *Mobil*

U-Bahn in den Alpen: Seit 1986 verkehrt im kleinen Bergdorf Serfaus in einem Tunnel die höchstgelegene Luftkissenbahn der Welt. Auf der 1280 m langen Strecke vom Parkplatz am Ostrand des Orts bis zur Talstation der Komperdellbahn hält sie an zwei Stationen (Kirche, Zentrum) und überwindet 20 Höhenmeter.

Restaurants

€€ | Bonderosa Steakhouse Ob Rib-Eye, T-Bone oder Porterhouse – hier gibt es Steaks in vielen Variationen und auch ziemlich dick und bis zu 1 kg schwer, dazu eine große Auswahl an Beilagen. Filiale in Fiss. ■ Archleweg 5, 6534 Serfaus, Tel. 0676 540 03 17, www.bonderosa.at, Di–So 15–24 Uhr

€€ | Kölner Haus Klassische Tiroler Küche mit regionalen Zutaten bietet dieser rustikale Berggasthof auf knapp 2000 m Höhe mit Gaststuben in solider Holzausstattung. Die schöne Aussicht ist ein weiterer guter Grund für eine Einkehr. Hinauf kommt man zu Fuß oder bequem mit der Komperdellbahn. ■ Komperdell 116, 6534 Serfaus, Tel. 05476 62 14, www.koelner-haus.at, Dez.–Ostern, Juni–Okt. tgl. geöffnet

Einkaufen

s'Ladele Kleiner gemütlicher Laden mit Tiroler Spezialitäten von Speck und Käse über Marmeladen und handgeschöpfte Schokoladen bis zu Schnäpsen und Likören. ■ Untere Dorfstr. 10, 6534 Serfaus, www.patscheider.com, Mo–Sa 9.30–12, 14–18 Uhr

Kinder

Erlebnispark Hög Viel Spaß für die ganze Familie an der Mittelstation der Alpkopfbahn mit Wabbelwiese zum Hüpfen, Geschicklichkeitsparcours, Holzfällerspielplatz für Kleinkinder, Kuhfladentrampolin, Wasserlabyrinth, Sommerrodelbahn, See mit Flachwasserbereich und Bootsverleih. ■ Alpkopfbahn, www.serfaus-fiss-ladis.at, Berg- und Talfahrt 14 €, erm. 11,50 €

Erlebnisse

Serfauser Sauser Der Flying Fox im XL-Format überwindet auf 2 km Länge gut 400 Höhenmeter und erreicht dabei Geschwindigkeiten von 65 km/h. ■ www.serfaus-fiss-ladis.at, Juni–Okt. tgl. 9–16.30 Uhr, 1 Fahrt 35 €, erm. 30/21 €

Sommer Funpark Fiss Highlights sind neben der Riesenschaukel Skyswing der Fisser Flitzer, eine 2,2 km lange Sommerrodelbahn, und der Fisser Flieger, ein auf Rollen über ein Drahtseil gleitendes Fluggerät, das bis zu 47 m hoch über dem Boden schwebt. ■ Mitte Juni–Okt. tgl. 8.30–17 Uhr, 1 Attraktion 7,90 €, erm. 7,20/5, 80 €, 4 Attraktionen 29,50 €, erm. 26/22 €

ADAC *Mittendrin*

Nirgendwo gibt es so viele unterschiedliche **Fasnachtsbräuche** wie in Tirol. In den rauen Bergtälern wird besonders bunt und ausgelassen gefeiert – schließlich geht es bei dem wilden Treiben stets um den Kampf des Frühlings gegen den Winter. Das **Imster Schemenlaufen** (alle vier Jahre, 2020), das **Nassereither Schellerlaufen** (alle drei Jahre, 2019) und das **Telfer Schleicherlaufen** (alle fünf Jahre, 2020) gehören wegen der aufwändigen Masken und Kostüme inzwischen zum immateriellen Welterbe der UNESCO. Beim **Axamer Wampelerreiten** (alle vier Jahre, 2019) versuchen die Reiter die Wampeler auf den Rücken zu werfen. Beim **Fisser Blochziehen** wird eine bunt geschmückte Zirbe durchs Dorf geschleppt (alle vier Jahre, 2022).

31 Kaunertal

Weißenseeferner und Gletscherstraße sind Attraktionen ersten Ranges

Information

■ Kaunertal Tourismus, Feichten 134, 6524 Feichten Kaunertal, Tel. 05022 52 00, www.kaunertal.com

Eng und steil beginnt das gut 20 km lange Tal, das bei Prutz vom Inntal abzweigt und nach wenigen Kilometern einen weiten Bogen Richtung Süden macht. Bekannt ist das Kaunertal für das Gletscherskigebiet am Talende, das man über die mautpflichtige Kaunertaler Gletscherstraße erreicht. Sie führt mit vielen Kurven am Gepatschspeicher vorbei bis zum Weißseeferner auf 2750 m Höhe. Seit 2003 ist das Kaunertal Teil des Naturparks Kaunergrat (S. 96), der auch Teile des Pitztals und des Inntals umfasst.

Sehenswert

Burg Berneck

| Burg |

Am Talanfang steht bei Kauns auf einem Felsvorsprung die Burg Berneck mit markanter Fachwerkgalerie und spätgotischen Fresken in der sehenswerten Burgkapelle. Erbaut im 13. Jh. von den Herren von Berneck, wechselte sie mehrmals die Besitzer und zerfiel. In der jüngeren Vergangenheit wurde sie teilrenoviert und ist nun im Sommer bei Führungen zu besichtigen. Ein Besuch lohnt allein schon des herrlichen Ausblicks wegen.

■ www.burg-berneck.at, Führungen Juni–Sept. Sa 10 und 11, Juli, Aug. Do, Fr 10 und 11 Uhr, 7 €

Zahllose Serpentinen führen auf 2750 m Höhe: die Kaunertaler Gletscherstraße

Kaunertaler Gletscherstraße

| Panoramastraße |

Vor allem Motorradfahrer und Rennradler lieben die Kaunertaler Gletscherstraße mit ihren vielen Kurven und herrlichen Ausblicken. Sie beginnt bei Feichten und endet an der Talstation der Ochsenalmbahn direkt am Gletschergebiet. Auf der 26 km langen Strecke überwindet sie 1500 Höhenmeter und 29 Kehren. Oben angekommen, genießt man von der Terrasse des Gletscherrestaurants herrliche Ausblicke. Täglich um 11 Uhr starten hier Führungen zu einer 40 Min. entfernten, natürlichen Gletscherspalte, die man auch begehen kann.

■ www.kaunertaler-gletscher.at, Gletscherstraße Juni–Aug. 7–19.30, sonst bis 17 Uhr, Maut Pkw 24 €, Motorrad 14 €

Verkehrsmittel

Am Weißenseeferner liegt auf 2750 m die höchste Postbus-Haltestelle Österreichs – eine gute Alternative für alle, die bei der Fahrt entlang der Gletscherstraße nur Augen für die Natur haben möchten.

Restaurants

€€ | **Gasthaus Falkeis** Klassisches Tiroler Gasthaus in Kauns, das regionale Küche mit Zutaten vom eigenen Hof bietet. Es hat auch Gästezimmer. ■ Dorfstr. 54, 6526 Kauns, Tel. 05472 62 25, www.gasthof-falkeis.at, Mo geschl.

Sport

Quellalpin Quellwasser-Hallenbad in Feichten mit Saunalandschaft, Fitnessstudio, Tennis- und Beachvolleyballplatz, dazu eine bodenständige Gastronomie. ■ Feichten 134, 6524 Kaunertal, Tel. 05475 222, www.quellalpin.at, tgl. 14–22 Uhr, 10 €, erm. 5,50 €

Wandern

Gepatschhaus Die älteste Alpenvereinshütte Österreichs wurde 1873 erbaut und steht samt der Kapelle Maria Schnee nebenan seit 2013 unter Denkmalschutz. Auf 1928 m Höhe direkt an

Der Führer kennt versteckte Gletscherspalten: Wanderer auf dem Weißenseeferner

der Gletscherstraße gelegen, ist sie ein beliebter Startpunkt für leichte Wanderungen ebenso wie für anspruchsvolle Hochtouren. ■ Tel. 0664 431 96 34, www.gepatschhaus.at, Juni–Sept., Bushaltestelle direkt bei der Hütte

32 Paznauntal

Im Winter eine Hochburg des Skitourismus, im Sommer deutlich beschaulicher

i Information

■ Tourismusverband Paznaun-Ischgl, Dorf 112 , 6555 Kappl, Tel. 05099 03 00, www.paznaun-ischgl.com

ADAC *Spartipp*

Mit der beim Vermieter erhältlichen **Silvretta Card** hat man im ganzen Paznaun viele Vergünstigungen bei Bussen und Seilbahnen, sportlichen Aktivitäten und in Museen wie dem Alpinarium Galtür. Auch die Silvretta-Hochalpenstraße kann man gratis befahren.

Ganz im Westen Tirols zweigt das lange und schmale Paznauntal ab und führt geradewegs Richtung Silvretta. Bei Galtür beginnt die Silvretta-Hochalpenstraße ins Montafon, wo an der Bieler Höhe der Silvretta-Stausee liegt.

Hauptort des unteren Paznaun ist Kappl mit vielen Kirchen, Kapellen und historischen Häusern mit Fassadenmalereien. Im Winter hat man ein weitläufiges Skigebiet vor der Tür, im Sommer gibt es vielfältige Wandermöglichkeiten. Der Sunny Mountain Erlebnispark bietet Spaß und Abenteuer für Kids rund um einen Bergsee.

Das einstige Bergbauerndorf Ischgl ist heute Wintersportzentrum und trubelige Partydestination. Man lebt von der Attraktivität des großen Skigebiets und von den Lokalitäten auf der Idalpe auf rund 2300 m Höhe, wo regelmäßig große Popkonzerte stattfinden. Im Sommer geht es nicht ganz so hektisch zu, versucht man mit Actionsport die Gäste anzuziehen. Vor allem für Mountainbiker ist viel geboten.

Mehr Ruhe finden Naturliebhaber in Galtür. Das stille Dorf liegt auf 1500 m Höhe am Ende der Talstraße. Im Winter gibt es hier ein Skigebiet mit Verbindung ins Montafon, im Sommer ist Galtür Ausgangsort für Bergtouren u.a. ins Jamtal zur Jamtalhütte.

Sehenswert

Alpe Dias

| Almmuseum |

Das Sennerhaus von 1912 beherbergt heute eine Ausstellung zum Thema Almwirtschaft. Zu sehen sind der Sennraum mit Werkzeugen zur Käseherstellung, der Käse- und Butterkeller, die Stube und das Schlafgemach. Im Sommer gibt es ein Programm mit Kochen auf der Alm und Kräuterworkshops.

■ Mittelstation der Dias-Bahn, www.kappl.com, Juli–Sept. tgl. 9–17 Uhr, Eintritt frei

Alpinarium Galtür

| Heimatmuseum |

20 *Ungewöhnliche Ausstellung zum Leben im hochalpinen Raum*

Nach dem schweren Lawinenunglück im Februar 1999 entstand im oberen Ortsbereich das Alpinarium als Bestandteil einer 354 m langen und 19 m hohen Schutzmauer. Innen gibt es eine Dauerausstellung über das Verhältnis zwischen Mensch und Natur im hochalpinen Raum, auch das Unglück, seine Ursachen und Folgen sind Thema. Im Kinosaal zeigt eine Dokumentation, wie die Katastrophe Galtür und seine Bewohner verändert hat. Zum Museum gehören eine Cafeteria, ein Shop mit lokalen Spezialitäten und eine Kletterwand.

■ Hauptstr. 29 c, 6563 Galtür, www.alpinarium.at, Juni–Okt. tgl. 10–18 Uhr, 9 €, erm. 5 €

Restaurants

€€ | Walserstube Eine eindrucksvolle Kombination aus Gasthaus und Bauernmuseum. Im Ischgler Ortsteil Mathon steht das gut 400 Jahre alte Haus,

Im Alpinarium Galtür wird der Begriff »Heimatmuseum« völlig neu definiert

in dem man in den alten Stuben nostalgisch speisen und im Obergeschoss eine Zeitreise in das frühere Leben der Bergbauern erleben kann. ■ St. Sebastianweg 4, 6562 Mathon, Tel. 05444 200 62, www.wirtshaus-walserstube.at, im Winter tgl. 16–24 Uhr

€€€ | **Restaurant Stüva** In dem eleganten Restaurant des Hotels Yscla ist Benjamin Parth zu Hause, der Shooting-Star der regionalen Gourmetszene. Hier kocht der gebürtige Ischgler sehr kreativ auf, kombiniert dabei Tiroler Küche mit Fisch und Meeresfrüchten. ■ Dorfstr. 7, 6561 Ischgl, Tel. 05444 52 75, www.yscla.at, tgl. 19–22 Uhr

Kinder

Wildpark Silvretta Im Ischgler Ortsteil Mathon liegt der Wildpark Silvretta direkt an der Talstraße. Hier kann man Hirsche, Steinböcke und Murmeltiere beobachten, es gibt auch einen Streichelzoo und einen Kinderspielplatz. Angeschlossen sind ein Jagdmuseum und die Wildererhütte, wo man in rustikalem Ambiente regionale Spezialitäten mit Zutaten aus der eigenen Jagd und Landwirtschaft probieren kann. ■ Silvrettastr. 99, 6562 Mathon, www.wildpark.ischgl.at, Ende Juni–Okt. tgl. 10–18 Uhr, Eintritt frei

Wandern

Mentaalm Von Galtür aus führt eine 45-minütige, gemütliche Wanderung zu dieser schön gelegenen Hütte am Anfang des Jamtals. Dort können Eltern auf der Sonnenterrasse relaxen, während der Nachwuchs sich auf dem Spielplatz austobt. Wer mag, setzt die Tour bis zur Scheibenalm fort. ■ www.mentaalm.at, Juni–Anf. Okt. tgl. geöffnet

Im Paznaun steht Mountainbikern eine Vielzahl von Touren zur Auswahl

Events

Ischgl Ironbike Das alljährlich Anfang August stattfindende MTB-Rennen hat sich zu einem Festival entwickelt, bei dem es neben den Rennen über bis zu 75 km und 3700 Höhenmetern auch Strecken für Kids und eine E-Bike Fuchsjagd gibt. ■ www.ischgl.com

33 Arlberg

Hier wurden in der Geschichte des Skilaufs die ersten Kapitel geschrieben

Information

■ Tourismusbüro St. Anton, Dorfstr. 8, 6580 St. Anton am Arlberg, Tel. 05446 226 90, www.stantonamarlber.com

Der weltberühmte Arlberg ist zweigeteilt: Es gibt eine Tiroler Seite und eine, die zu Vorarlberg gehört. Auf der Tiroler Seite dreht sich fast alles um St. Anton. Der traditionsreiche Nobelskiort mit internationalem Flair ist zugleich die Metropole der Region. St. Anton hat rund 2300 Einwohner und eine bemerkenswerte Geschichte. Als wichtige Verbindung zwischen Tirol und Vorarlberg über den Arlbergpass erlangte es früh Bedeutung; die Eröffnung des Arlbergtunnels 1884 erhöhte diese noch. Zur Region Arlberg gehört auch das Stanzer Tal mit den Orten Flirsch, Schnann, Pettneu und St. Jakob.

Sehenswert

Museum St. Anton

| Ski- und Heimatmuseum |

Zu St. Anton gehört natürlich zwangsläufig ein Skimuseum. Etabliert ist es standesgemäß in der herrschaftlichen Villa Trier etwas oberhalb des Zentrums, die ein deutscher Unternehmer vor über 100 Jahren erbauen ließ. Heute gehört sie der Gemeinde und beherbergt eine Ausstellung, die St. Antons bäuerliche Vergangenheit und seinen Aufstieg zum winterlichen Jetset-Treff schildert. Auch die Erschließung des Arlbergpasses und die lange Geschichte des Hospizes in St. Christoph sind Thema.

■ Rudi Matt Weg 10, 6580 St. Anton am Arlberg, www.museum-stanton.com, Ende Juni–Ende Sept. Di–So 12–18 Uhr, 5 €, erm. 3 €

ADAC *Wussten Sie schon?*

Hannes Schneider machte den Arlberg in den 1920er-Jahren als Wintersportmekka berühmt. Der in Stuben gebürtige Skipionier gründete die erste Skischule und den ersten Skiclub Österreichs, revolutionierte mit seiner Arlbergtechnik den Skilauf und richtete mit Sir Arthur Lunn 1928 das erste Arlberg-Kandahar-Rennen aus.

arlberg 1800

| Kulturzentrum |

21 *Zeitgenössische Kunst und Musik in alpiner Umgebung*

Nur wenige hundert Meter vor der Grenze zum Bundesland Vorarlberg steht im ruhigeren Ortsteil St. Christoph das Arlberger Hospiz. Es entstand im 14. Jh. und war bis zum Bau der Arlbergtunnels 1884 eine wichtige Station für Reisende auf dem gefahrvollen Weg über den Arlbergpass. Heute ist das Hospiz ein Nobelhotel, das 2016 durch das Kulturzentrum arlberg 1800 mit dem höchstgelegenen Konzertsaal der Alpen ergänzt wurde. Hier kann man Musik von Klassik über Jazz und Pop bis zu Volksmusik lauschen. Mit der angeschlossenen Kunsthalle soll junge Kunst gefördert werden, die hier auch im Rahmen von Artist-in-Residence-Programmen entsteht.

■ Arlberg Hospiz Hotel, St. Christoph 1, 6580 St. Anton am Arlberg, www.arlberg 1800resort.at

Schnanner Klamm

| Wildbachschlucht |

Ganz eng, aber umso tiefer ist die Schlucht, die der Schnanner Bach im Laufe der Jahrhunderte in den Fels geschnitten hat. Zwischen steil aufragenden Wänden geht es auf schmalen, steilen Steigen und über Gitterroste bergwärts. Knapp 4 km und 600 Höhenmeter sind auf dem Weg durch die Klamm zu bewältigen. Wer mag, kann

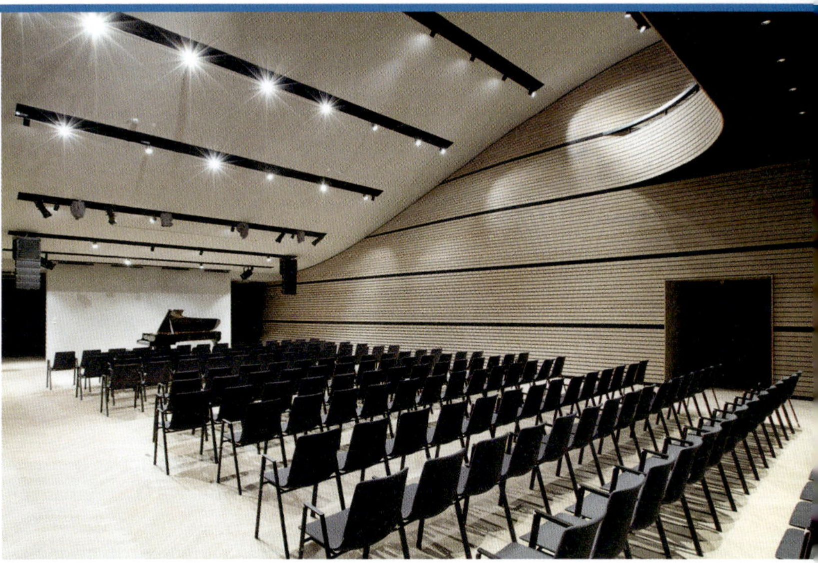

Die neue Kunsthalle arlberg 1800 würde auch einer Großstadt gut zu Gesicht stehen

anschließend noch zur herrlich auf 1727 m gelegenen Fritzhütte aufsteigen, die man nach 1 bis 1,5 Std. erreicht.
■ Pettneu am Arlberg, www.themenweg schnann.at, Juni–Okt. frei zugänglich

Parken

Auf dem Weg von der Arlberg-Schnellstraße ins Zentrum von St. Anton lässt man das Auto am besten an der östlichen Ortseinfahrt auf dem Parkplatz Nasserein stehen und geht von dort die wenigen Meter zu Fuß bis zur Dorfstraße (7 €/Tag).

Restaurants

€€ | Museum-Restaurant In dem etwas abseits und sehr idyllisch gelegenen historischen Haus des Skimuseums kann man auch einkehren. ■. Rudi-Matt-Weg 10, 6580 St. Anton am Arlberg, www.museum-restaurant.at, Winter tgl. 12–22, Sommer Di–So 11–19 Uhr

Sport

arlberg-well.com Zu dem Wellness- und Kongresszentrum am Ortsrand gehören ein Hallenbad und ein beheiztes Außenbecken, ein Sauna- und Spabereich sowie ein Fitnessstudio. ■ Hannes-Schneider-Weg 11, 6580 St. Anton am Arlberg, www.arlberg-well.com

Arl.Rock Hochmodernes Sportzentrum mit Kletter- und Boulderhalle, Kegelbahnen, Squash- , Tennis- und Volleyballplätzen. ■ Bahnhofstr. 1, 6580 St. Anton am Arlberg, www.arlrock.at

Events

Der weiße Rausch Das Kultskirennen am Ende der Saison im April von der Valluga hinunter nach St. Anton ist eine Hommage an den berühmten Skifilm aus den 1930er-Jahren. 9 km ist die Strecke lang, am »Schmerzensberg« ist ein 37 m hoher Aufstieg zu Fuß zu bewältigen. ■ www.skiarlberg.at

Übernachten

Das umfangreichste Unterkunftsangebot im Tiroler Westen findet man in den Skihochburgen Ötztal, Serfaus-Fiss-Ladis und St. Anton am Arlberg. Dort gibt es im Winter Quartiere in allen Kategorien auf relativ hohem Preisniveau, im Sommer sind die Preise tendenziell günstiger. In der Zwischensaison im Herbst und im späten Frühjahr haben viele Hotels geschlossen. Vor allem im Oktober und November sind Orte wie Sölden oder Obergurgl wie ausgestorben.

Ötztal 88

€€ | **Gästehaus Bichl** Viel Natur und spektakuläre Aussichten bietet dieses einsame Gästehaus auf 1600 m Höhe außerhalb von Niederthai. Schöne Zimmer und Apartments, Hallenbad und Jausenstation. ■ 6441 Niederthai, Tel. 05255 55 32, www.bichl.riml.com

€€€ | **Die Berge** Viersternehotel mit modernem Design, schönem Pool und Fitnessbereich. Zentrale und dennoch ruhige Lage etwas abseits der Dorfstraße. ■ Gemeindestr. 2, 6450 Sölden, Tel. 05254 20 62, www.dieberge.at

Imst 92

€ | **Hotel Gurgltaler Hof** Ein Mittelklassehotel im Tiroler Stil nördlich von Imst in ruhiger Ortsrandlage in Tarrenz. Gutes Preis-Leistungs-Verhältnis. Schöner Ausblick ins Gurgltal. Rotanger 1, 6464 Tarrenz, Tel. 05412 66048, www.gurgltaler-hof.com

€€ | **Hotel Hirschen** Recht zentral gelegenes Mittelklassehotel in Imst mit klassischem Tiroler Interieur und einem Wirtshaus mit entsprechender Küche. ■ Thomas-Walch-Str. 3, 6460 Imst, Tel. 05412 69 01, www.hirschen-imst.com

Pitztal 93

€€ | **Biohotel Stillebach** Das Dreisterne-Biohotel steht bei St. Leonhard an der Talstraße. Saubere Zimmer mit Föhren- und Zirbenholz. Biorestaurant mit Zutaten aus der eigenen Landwirtschaft. Hauseigener Kletterstadel. ■ Stillebach 83, 6481 St. Leonhard im Pitztal, Tel. 05413 827 06, www.stillebach.at

€€ | **Verwöhnhotel Wildspitze** Ganz hinten im Pitztal nahe dem Rifflsee und der Gletscherbahn steht das Viersternehotel mit geräumigen Zimmern und leckerem Essen. Zum schön designten Gletscherspa mit Bergblick gehören Sauna, Dampfbad, Innen- und Außenpool. ■ Mandarfen 46, 6481 St.Leonhard im Pitztal, Tel. 05413 862 07, www.hotel-wildspitze.com

Landeck 95

€€ | **Hotel Jägerhof** Das gepflegte Viersternehotel steht direkt bei der Venetbahn in Zams und bietet klassisch eingerichtete Zimmer. Gutes Wellnessangebot inklusive Schwimmbad mit Wasserfall, Saunen und Massagen. ■ Hauptstr. 52, 6511 Zams, Tel. 05442 62 64 20, www.jaegerhof-zams.at

€€ | Hotel Schrofenstein Gediegenes Viersternehotel im Zentrum von Landeck nahe dem Innufer mit über 150-jähriger Geschichte. ■ Malserstr. 31, 6500 Landeck, Tel. 05442 623 95, www.schrofenstein.at

Serfaus-Fiss-Ladis 97

€€ | Das Landerer Modernes, großzügiges Hotel, ideal für Bergliebhaber, da es direkt bei der Talstation der Seilbahn steht. Zeitgemäß eingerichtete und geräumige Zimmer. Wellnessbereich mit Pool. Saunen und Dampfbad. ■ Razilweg 35, 6532 Ladis, Tel. 05472 68 30, www.daslanderer.at

€€ | Sedona Lodge Sehr stilvoll mit vielen natürlichen Materialien eingerichtetes Hotel am Eingang von Fiss. Spa mit Hallenbad, Sauna und Dampfbad. Jedes Zimmer mit Balkon. ■ Seilbahnstr. 1, 6533 Fiss, Tel. 05476 200 49, www.sedona.at

€€€ | Arche und Villa Rasilla Zwei extravagante Ferienhäuser mit moderner Architektur im Zentrum von Serfaus bzw. am Ortsrand. Beide haben jeweils rund 270 m² Wohnfläche und eine Sauna und können bis zu zwölf Personen beherbergen. Die Preise sind im Sommer deutlich günstiger als im Winter. ■ Lourdes 15, 6534 Serfaus, Tel. 0664 424 23 14, www.villarasilla.at

Kaunertal 99

€€ | Apart Bergland Ansprechend renovierte Apartments unterschiedlicher Größe in schöner Lage abseits der Kaunertalstraße in Nufels. Freier Eintritt ins Schwimmbad Quellalpin. ■ Nufels 8, 6524 Kaunertal, Tel. 0660 341 52 52, www.hafele.info

€€ | Ferienhotel Lärchenhof Nahe dem Zentrum von Feichten und doch ruhig gelegenes Viersternehotel mit traditioneller Ausstattung, kleinem Hallenbad und Sauna. ■ Feichten 114, 6524 Kaunertal, Tel. 05475 240, kaunertal.at

€€ | Hotel Gsallbach Ein ruhig gelegenes Mittelklassehotel mit freundlicher familiärer Atmosphäre in Vergötschen kurz vor Feichten etwas abseits der Talstraße. Rustikal ausgestattete Zimmer. Regionale Küche auf der Basis hofeigener Produkte. ■ Vergötschen 63, 6524 Kaunertal, Tel. 05475 432, www.gsallbach.at

Arlberg 103

€€ | Aparthotel Anton Sehr zentral gelegenes Haus mit Zimmern und Suiten mit modernem, schlicht gestaltetem Interieur. Zur Entspannung gibt es Biosauna, Zirbensauna und Dampfbad. ■ Kandaharweg 4, 6580 St. Anton am Arlberg, Tel. 05446 24 08, www.hotelanton.com

€€€ | Hotel Banyan Recht zentral und dennoch ruhig gelegenes, modernes Hotel mit Spabereich inklusive Pool und Saunen. Elegant eingerichtete Zimmer in drei verschiedenen Preiskategorien. Kein Restaurant, dafür coole Bar mit Lounge. ■ Dorfstr. 55, 6580 St. Anton am Arlberg, Tel. 05446 303 61, www.banyan-hotel.com

€€€ | Hotel Bergschlössl Wenige Schritte von der Galzigbahn entfernt steht das klassische Hotel der gehobenen Kategorie. Nur acht stilvolle Zimmer und Suiten mit nostalgischem Mobiliar. Ruhig und zentrumsnah. ■ Kandaharweg 13, 6580 St. Anton am Arlberg, Tel. 05446 222 00, www.bergschloessl.at

Osttirol

Kein Trubel und kein Massentourismus – wer sich vom Felbertauern kommend Lienz nähert, fährt 100 Jahre in der Zeit zurück

Osttirol gehört politisch zu Tirol, ist aber eine Enklave und hat mit dem Rest Tirols geografisch keine direkte Verbindung. Der Grund für diese Eigenständigkeit liegt in der Geschichte: Die isolierte Lage entstand nach dem Ersten Weltkrieg, als Südtirol Italien zugeschlagen wurde.

Osttirol hat eine Fläche von 2000 km² und knapp 50 000 Einwohner, besteht einzig aus dem Bezirk Lienz und galt lange als etwas rückständig und verschlafen, was es in den letzten Jahren aber besonders attraktiv werden ließ. Die Täler auf der Südseite der Alpen strahlen noch viel Ursprünglichkeit aus, es gibt keine großen Skischaukeln und moderne Touristenattraktionen. Größter Trumpf der Region ist der Nationalpark Hohe Tauern, dessen Tiroler Teil in Osttirol angesiedelt ist. Hier ragt auch der Großglockner auf, der höchste Gipfel des Landes. Seitentäler wie das Villgratental, das Tiroler Gailtail und das Defereggental erfreuen sich wachsender Beliebtheit.

In diesem Kapitel:

ADAC Top Tipps:

10 Nationalpark Hohe Tauern
| Naturschutzgebiet |
In Österreichs größtem Nationalpark sind mehr als 300 Dreitausender, weite Gletscherfelder, tiefgrüne Bergseen und tosende Wasserfälle zu entdecken. 120

ADAC Empfehlungen:

22 Aguntum
| Archäologischer Park |
Tirols einzige Römerstadt war im 1. und 2. Jh. n. Chr. ein blühendes Handelszentrum. Ausgrabungen brachten u. a. ein Atriumhaus, eine Therme und eine Markthalle zutage. 113

23 Aignerbadl
| Traditionelles Bauernbad |
In Abfaltersbach steht das Kuriosum, das schon seit 240 Jahren in Betrieb ist. Hier entspannt man in Lärchenwannen, die mit warmem Wasser aus einer Heilquelle gefüllt werden. 114

24 Villgratental
| Tal |

Das enge Seitental ist eine natürliche Schönheit mit uralten Bauernhöfen, Kirchen und Gasthäusern, die oft Kulisse für Heimatfilme waren. 115

25 Innergschlöß
| Almsiedlung |

Erlebniswandern ohne Anstrengung mit Blick auf die imposante Gletscherwelt rund um den Großvenediger. 122

34 Lienz

Osttirols kleine Metropole verbreitet mediterranes Flair

»Bei uns beginnt der Süden« – mit diesem Slogan wirbt das sympathische Lienz

i Information

- Osttirol Information, Mühlgasse 11, 9900 Lienz, Tel. 050212212, www.osttirol.com
- Parken siehe S. 112

Lienz ist die Bezirkshauptstadt von Osttirol und eine ziemlich kleine Metropole mit rund 11000 Einwohnern. Aber das passt zum gemütlichen, ländlichen Charakter der Region. Sonnenstadt wird Lienz auch genannt – kein Wunder, ist man hier doch auf der Südseite der Alpen und nur wenige Kilometer von Italien entfernt. Im 14. und 15. Jh. war die Stadt Residenz der Grafen von Görz, später derer von Wolkenstein. Einige Bauten in der hübschen Altstadt stammen noch aus dieser Zeit. Ihr Zentrum ist der Hauptplatz mit vielen Straßencafés rund um den Florianibrunnen. Darüber hinaus prägen sieben Kirchen und zwei Klöster das Stadtbild.

Sehenswert

1 Spitalskirche

| Kirche |

Zu den meistfotografierten Sehenswürdigkeiten von Lienz gehört die Spitalskirche mit der nahen Spitalsbrücke über die Isel. Im 13. Jh. für das Bürgerspital erbaut, wurde das Gotteshaus 1725 im barocken Stil umgestaltet.

Plan S. 112

Seit seiner Profanierung 1988 dient es als Veranstaltungsort für unterschiedliche Kulturevents.

■ Kärntner Str. 8

2 Franziskanerkloster

| Kloster |

Ursprünglich waren in dem Kloster im Zentrum von Lienz Karmeliten zu Hause. 1785 wurde es jedoch dem Franziskanerorden zugesprochen, als Ersatz für das aufgehobene Kloster in Innsbruck, das heute das Volkskunstmuseum beherbergt. Heute leben hier nur noch einige wenige Brüder, die als Seelsorger das Krankenhaus, Altenheime und die Dominikanerinnen betreuen. Sehenswert sind die gotischen Fresken in der Klosterkirche sowie der Kreuzgang mit Bildern von 1705 und der Lourdesgrotte.

■ Muchargasse 4, www.franziskanerpfarre-lienz.at

3 Iselturm

| Historischer Wachturm |

Der rekonstruierte Turm an der Isel ist ein Relikt der mittelalterlichen Stadtmauer, von der am Rechten Iselweg noch ein Stück erhalten geblieben ist. Einen schönen Blick auf die alte Befestigungsanlage hat man vom Stadtpark auf der anderen Iselseite aus, den man über den Iselsteg erreicht.

■ Schulstr. 2

4 Alte Schmiede

| Handwerksbetrieb |

Die Adresse passt perfekt. In der Messinggasse, von jeher die Lienzer Handwerkergasse, steht die Alte Schmiede von Rudi Duregger, der hier in seiner Werkstatt ganz traditionell kunsthandwerkliche Arbeiten herstellt wie etwa Laternen, Lampen oder die für Tirol typischen Grabkreuze.

■ Messinggasse 4, Mo–Fr 8.30–12, 15–18, Sa 8.30–12 Uhr

5 Stadtpfarrkirche St. Andrä

| Kirche |

Die Ursprünge der ältesten Kirche von Lienz reichen ins 5. Jh. zurück, wovon Mauerreste in der Krypta zeugen. Im Inneren ziehen die Hochgräber der Grafen von Görz und Wolkenstein die Blicke auf sich. Den Friedhof umschließen mit Wandbildern verzierte Arkaden; in der 1925 erbauten Kriegerge-

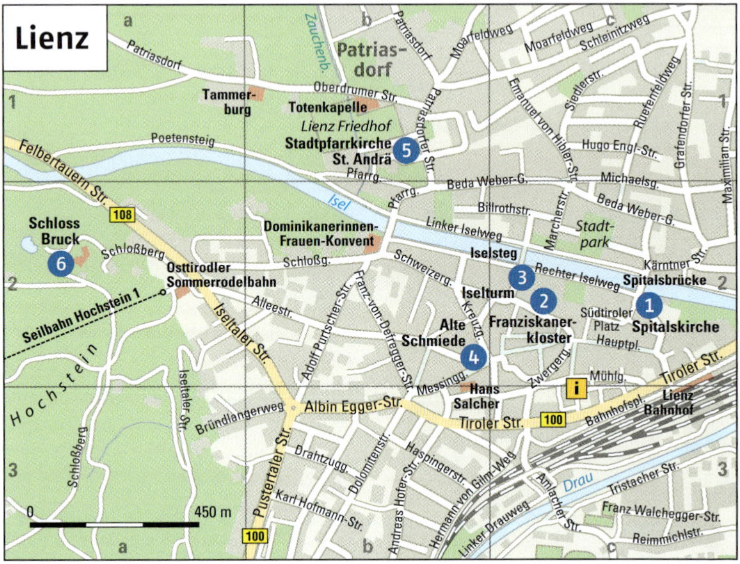

dächtniskapelle liegt der Maler Albin Egger-Lienz begraben. Ein Freskenzyklus von seiner Hand ziert die Wände.

■ Pfarrgasse 4, www.pfarre-st-andrae.at

6 Schloss Bruck

| Heimatmuseum |

Die ehemalige Residenz der Grafen von Görz wurde im 13. Jh. auf römischen Fundamenten erbaut und überragt Lienz mit ihrem kantigen Bergfried. Seit 1943 gehört die Festung der Stadt und dient als Heimatmuseum. Bekannt ist es für die umfangreiche Sammlung von Werken des Malers Albin Egger-Lienz und für die römischen Funde aus Aguntum. Sehenswert sind auch die gotischen Fresken in der Burgkapelle. Rund um das Schloss lädt ein Wäldchen zu ausgedehnten Spaziergängen ein.

■ Schlossberg 1, www.museum-schlossbruck.at, Mai, Juni Di–So 10–17, Sept., Okt. 10–16, Juli, Aug. tgl. 10–18 Uhr, 8,50 €, erm 2,50 €

P Parken

Parkmöglichkeiten gibt es an der Tiroler Straße, im Bahnhofsbereich an der Amlacher Straße und in der Mühlgasse nahe dem Tourismusverband.

Restaurants

€€€ | Tiroler Hof Ein Tiroler Gasthaus der gehobenen Kategorie in Dölsach wenige Kilometer östlich von Lienz. Die Familie Sander bietet Tiroler Spezialitäten mit internationalen Einflüssen in klassischem Ambiente. ■ Dölsach 8, 9991 Dölsach, Tel. 04852 90 69 90, www.tirolerhof.or.at, Di–Sa 8–24, So 9–14 Uhr

Einkaufen

Lienzer Stadtmarkt Große Auswahl an heimischen Produkten von frischem Obst und Gemüse über Tiroler Speck bis zu Schnaps. ■ Messinggasse, Fr 13–18, Sa 8.30–12.30 Uhr, Plan S. 112 b2

Wandern

Dolomitenhütte Ein echter Hüttenklassiker auf 1616 m Höhe in spektakulärer Lage direkt über einer senkrechten Felswand, mit herrlichem Ausblick auf die Dolomiten. Hinauf gelangt man auf einer Mautstraße über Tristach und Bad Jungbrunn (im Winter ab Kreithof Rodelstrecke) oder zu Fuß von Amlach aus. Die Hütte ist aber nicht nur Ziel, sondern auch Ausgangspunkt von Wanderungen u.a. zur Instein-Kapelle oder zur Karlsbader Hütte am Laserzsee. ■ Dolomitenhütte 1, 9908 Anlag, www.dolomitenhuette.at, ganzjährig geöffnet

In der Umgebung

Tristachersee
| Badesee |

Badeseen gibt es nicht viele in Osttirol. Das macht den Tristachersee wenige Kilometer südlich von Lienz besonders wertvoll. Der weitgehend von Wald umgebene Naturbadesee am Fuße der Lienzer Dolomiten ist bekannt für gute Wasserqualität, hat ein Strandbad mit Spielplatz und Beachvolleyballfeld. Mit dem Auto erreicht man ihn über Amlach und Ulrichsbichl. Von Lienz aus verkehrt ein kostenloser Bäderbus zum Tristachersee.

■ Juni–Anf. Sept. tgl. 9–20 Uhr, 6 €, erm. 4,80/3 €

Aguntum
| Ausgrabungsstätte |

22 *Die einzige römische Stadt auf dem Gebiet des heutigen Tirol*

An der Stelle des heutigen Vororts Dölsach östlich von Lienz erstreckte sich in der Antike die römische Siedlung Aguntum, die unter Kaiser Claudius ihre Blütezeit erlebte. Bis zum 5. Jh. war die Stadt bewohnt. Heute kann man auf dem Ausgrabungsgelände ein Atriumhaus, eine Therme und Reste der Stadtmauer besichtigen, nachdem man sich vom 18 m hohen Aussichtsturm einen ersten Überblick verschafft hat. Im Museum ergeben Funde aus Arguntum ein beeindruckendes Bild der Kultur der Römerzeit in den Alpen.

■ Stribach 97, www.aguntum.info, Juni–Sept. tgl. 9.30–16 Uhr, Mai und Okt. Mo–Sa, 7 €, erm. 4 €

35 Hochpustertal

Tolle Wandermöglichkeiten auf dem Karnischen Höhenweg

Information

■ Tourismusinformation Sillian, Gemeindehaus 86, 9920 Sillian, Tel. 050212 300, www.hochpustertal.com

Verwechslungen sind hier nicht ausgeschlossen: Das Hochpustertal teilen sich Osttiroler und Südtiroler. Der Osttiroler Teil reicht von Lienz bis zur Grenze bei Sillian. Rechts und links der gut ausgebauten Straße gibt es ursprüngliche Dörfer mit einigen Sehenswürdigkeiten wie einem alten Bauernbadl in Abfaltersbach oder traditionelle Gastronomie in Strassen. Wer die Muße hat, kann auf die Pustertaler Höhenstraße wechseln, die in Panoramalage weit oberhalb des Talbodens mit etlichen Kurven verläuft. Größter Ort ist Sillian, bei Wanderern als Ausgangspunkt des Karnischen Höhenwegs bekannt. Wegen der grenznahen Lage gibt es hier einen regen Einkaufs- und Tanktourismus.

Gefällt Ihnen das?

Wenn das grandiose Dolomitenpanorama der **Pustertaler Höhenstraße** (s. unten) Sie begeistert, dann wird Ihnen auch der Blick auf die Tuxer Voralpen von der **Zillertaler Höhenstraße** (S. 45) gefallen. Die **Kaunertaler Gletscherstraße** (S. 99) führt bis an den Rand eines riesigen Eisfeldes. Und die Fahrt über die **Silvretta-Hochalpenstraße** (S. 101) endet zu Füßen des Dreitausenders Piz Buin.

Sehenswert

Pustertaler Höhenstraße
| Panoramastraße |
Raus aus dem Alltag, hinauf auf den Berg. Die ganzjährig befahrbare Panoramastraße ist eine pure Genussstrecke. Sie beginnt kurz nach Lienz, zieht sich bis zu 500 m über dem Drautal auf 32 km westwärts und passiert dabei Sehenswürdigkeiten wie den Wildpark Assling. Unterwegs bieten sich herrliche Aussichten auf die Gailtaler Alpen und die Lienzer Dolomiten. Zeit sollte man sich nehmen. Wer es eilig hat, ist auf der Panoramastrecke falsch.

Einkaufen

Loacker Genusswelt Unübersehbar steht die große weiße Produktionsanlage des traditionsreichen Südtiroler Waffelproduzenten neben der Hauptstraße in Heinfels bei Sillian. Hier kann man Produkte von Loacker kaufen, in einer Mitmach-Konditorei kreativ werden und viel über die Geschichte des Unternehmens erfahren. ■ Panzendorf 196, 9919 Heinfels, www.loacker.com

Unterweger Latschenkieferöl ist das Traditionsprodukt des Unternehmens bei Assling an der Pustertaler Straße. 1886 wurde es als Tirols erste Latschenkieferölbrennerei gegründet. Heute kann man in dem modernen Shop an der Straße Öle, Salben, Cremes und andere Naturprodukte kaufen. ■ Thal-Aue 13, 9911 Assling, www.unterweger-wellness.com

Kinder

Erlebniswelt Assling Aus dem in den 1970er-Jahren gegründeten Wildpark in Assling ist eine Erlebniswelt geworden. Die Hauptrolle spielt nach wie vor der Tierpark mit 80 000 m² Fläche und vielen Tierarten von Murmeltieren über Steinböcke bis hin zu Luchsen und anderen Wildkatzen. Eine Sommerrodelbahn, eine Modelleisenbahn und ein Waldlehrpfad ergänzen das Angebot. ■ Unterassling 39, 9911 Assling, www.erlebniswelt-assling.at, Mai–Sept. tgl. 9–19, Okt. 10–19 Uhr, 9,50 €, erm. 5 €

Entspannung

23 **Aignerbadl** In Abfaltersbach direkt am Waldrand steht das alte Bauernbadl, das 1772 entstanden ist. Hier findet man noch die alte bäuerliche Badekultur mit archaischen Holzwannen in kleinen Stuben. Das auf 38 Grad erwärmte Wasser aus der nahen Heilquelle wird in Lächenholzbottiche mit Deckel gefüllt, in denen man eine halbe Stunde badet und dann auf Liegen entspannt. Stärken kann man sich in der angeschlossenen Jausenstation mit Sonnenterrasse.
■ Abfaltersbach 13, 9913 Abfaltersbach, www.aigner-badl.at, Juni–Sept. Mo–Sa 10–22, So, Fei 11–22 Uhr, 17,50 € pro Bad

36 Villgratental

24 *Das abgelegene Seitental steht für das Einfache und Urwüchsige*

Information

■ Tourismusinformation Außervillgraten, Gasse 78, 9932 Innervillgraten, Tel. 050 21 23 40, www.villgratental.com

Wenige Kilometer von Sillian und der Grenze zu Südtirol zweigt das Villgratental nach Norden ab. Den Taleingang bewacht Burg Heinfels, einst Sitz der Grafen von Görz. Zu ihren Füßen überspannt die Punbrücke den Villgratenbach, eine überdachte Holzbrücke von 1781. Dank seiner Ursprünglichkeit und Ruhe hat sich das Villgratental zu einer Vorzeigedestination in Osttirol entwickelt. Vor allem der hintere Bereich wurde mit seinen schönen alten Bauernhöfen zu einer gefragten Filmkulisse. Hauptort ist Außervillgraten. Das kleine Bergdorf Innervillgraten auf rund 1400 m Höhe hat mit Massentourismus gar nichts am Hut. Hierher kommt, wer Ruhe und Ursprünglichkeit sucht – im Sommer Wanderer, im Winter vor allem Tourengeher. Die Wallfahrtskirche Maria Schnee im kleinen Weiler Kalkstein wurde im 17. Jh. im Gedenken an die überstandene Pest gebaut.

Sehenswert

Villgrater Natur Haus

| Schaubetrieb |

Was man aus Schafwolle und Zirbe alles herstellen kann, zeigen Führungen durch den Betrieb von Josef Schett in Innervillgraten. Im angeschlossenen Verkaufsraum gibt es Decken, Kissen, komplette Betten, Handschuhe, Pantoffeln und diverse Pflegeprodukte.

■ Innervillgraten 116, 99323 Innervillgraten, www.villgraternatur.at, Mo–Fr 7.30–12, 13.30–18, Sa 9–12 Uhr

Oberstalleralm im Villgratental: vom hektischen modernen Alltag Lichtjahre entfernt

Oberstalleralm

| Almdorf |

Das denkmalgeschützte Ensemble auf rund 1900 m Höhe umfasst die weiße Schutzengelkapelle und 18 urige Hütten, die zum Teil auch als Ferienhäuser gemietet werden können. Die Ausstattung ist spartanisch mit Holzfeuerherd und Petroleumlampen, dennoch sind die Unterkünfte sehr gefragt. Wanderwege führen von der Alm zu mehreren Gipfeln. Hinauf gelangt man zu Fuß von Innervillgraten (ca. 2 Std.) oder von der etwas weiter unten gelegenen Unterstalleralm (ca. 15 Min.). Dort gibt es eine Jausenstation. Ein kurzer Spazierweg führt zu einer Aussichtsplattform am Klapfbach-Wasserfall.

Im Blickpunkt

Das Wildererdrama um Pius Walder

Ganz hinten im Tal bei der Kirche Maria Schnee steht der Grabstein des vermutlich berühmtesten Innervillgraters: Im September 1982 wurde der damals 30-jährige Pius Walder von einem Jagdaufseher erschossen, der ihn angeblich für einen Wilderer hielt. Walders Bruder Hermann vermutete Vorsatz und führt seither auf der Suche nach der Wahrheit einen Kreuzzug gegen Gott und die Welt, der im Dorf immer wieder für Unruhe sorgt. Mehrere Bücher und TV-Sendungen wie die »Tatort«-Folge »Elvis lebt!« widmeten sich dem Thema. Pius Walders Grab avancierte dadurch zu einer vielbesuchten Sehenswürdigkeit.

Restaurants

€€€ | **Gannerhof** Das Haubenlokal in einem 300 Jahre alten Bauernhof an Innervillgratens Hauptstraße war ein Pionier der regionalen Bioküche. Berühmt ist es für seine Bauernente und die Lammgerichte. ■ Gasse 93, 9932 Innervillgraten, Tel. 04843 5240, www.gannerhof.at, Mai–Okt. tgl. ab 18.30 Uhr

37 Tiroler Gailtal

Grandiose Gebirgsszenerie mit James-Bond-Historie

Information

■ Tourismusverband Osttirol Ortsbüro Obertilliach, Dorf 4, 9942 Obertilliach, Tel. 050 21 23 60, www.obertilliach.at

Eine kurvenreiche Bergstraße in Ost-West-Richtung ist die Lebensader des Tiroler Gailtals, das von Sillian aus hinüber nach Kärnten bis zum Wallfahrtsort Maria Luggau und nach Kötschach-Mauthen führt. Dort heißt es Lesachtal. Beliebt ist es vor allem bei Wanderern. Radsportler und Motorradfahrer schätzen das Tal wegen seiner schönen, aber auch engen Straße. Im Winter ist die Grenzlandloipe quer durch das Tal eine Hauptattraktion. Hauptorte sind Kartitsch, Ober- und Untertilliach.

Sehenswert

Kartitsch

| Bergsteigerdorf |

In der Streusiedlung auf 1356 m leben rund 800 Menschen auf etwa 1350 m Höhe. Kartitsch ist Bergsteigerdorf –

aus gutem Grund: Die Wandermöglichkeiten auf dem Karnischen Höhenweg sind spektakulär. Dabei sind die Obstansersee-Hütte und die Filmoor-Standschützenhütte beliebte Stationen. Ein kurzer Spaziergang führt zur Wallfahrtskirche Maria Hilf oberhalb des Ortes mit gleich daneben liegendem Alpengasthof. Bergerlebnisse der besonderen Art bietet die Obstanser Eishöhle, die auf einem Teilstück von 100 m für Besucher zugänglich ist.

Obertilliach

| Bergsteigerdorf |

Das Dorf mit seinen rund 700 Einwohnern auf 1450 m Höhe ist der Hauptort im Tiroler Gailtal, was es seiner südseitigen Lage und den guten Schneeverhältnissen im Winter verdankt. Neben einem kleinen Skigebiet am Golsentipp gibt es viele Langlaufloipen und ein international anerkanntes Biathlonzentrum. 2015 erlangte Obertilliach weltweit Berühmtheit, als dort für den James-Bond-Film »Spectre« gedreht wurde. Eine besondere Attraktion ist Österreichs letzter Nachtwächter, der Dienstag- und Freitagabend seine Runde dreht und dabei Ausschau nach Feuer hält – Obertilliach besitzt im denkmalgeschützten Ortskern noch viele eng aneinandergebaute Holzhäuser.

Restaurants

€€ | **Gasthof Unterwöger** Das Tiroler Gasthaus mitten in Obertilliach gehört zu einem Hotelbetrieb und bietet klassische regionale Küche mit Zutaten aus der eigenen Landwirtschaft. ■ Dorf 26, 9942 Obertilliach, www.hotel-unterwoeger.at, tgl. 7–23.45 Uhr

In den Stuben des Gannerhofs in Innervillgraten duftet es nach Zirbenholz

38 Defereggental

Erlebnis- und Erholungsmöglichkeiten rund ums Wasser

Information

■ Tourismusinformation St. Jakob, Unterrotte 44, 9963 St. Jakob i. D., Tel. 050212600, www.defereggental.org

Von Huben aus im Isental südlich von Matrei führt die Straße steil hinauf und hinein in das Defereggental. Ein passender Einstieg in das ursprüngliche Tal, das in Ost-West-Richtung auf 36 km Länge bis zum Staller Sattel an der Grenze zu Südtirol führt. Eingerahmt wird es von den steilen Bergen

ADAC *Wussten Sie schon?*

Im Defereggental waren im 17. Jh. 50 % der Bevölkerung **Protestanten.** Der Salzburger Bischof stellte sie vor die Wahl, sich zum katholischen Glauben zu bekennen oder das Land zu verlassen. 1684 erfolgte die **Massenausweisung** von über 600 Erwachsenen, viele fanden eine neue Heimat in Franken und Schwaben. Fast 300 Kinder wurden ihren Eltern weggenommen und kamen in kirchliche Obhut. Viele wurden jedoch später von ihren Vätern aus dem Defereggental entführt, obwohl dafür die Galeerenstrafe drohte.

der Riesenfernergruppe, der Lasörlinggruppe und des Defereggengebirges. Hauptorte sind St. Jakob, Hopfgarten und St. Veit. Im Sommer ist das Tal ein beliebtes Gebiet für Wanderer und Bergsteiger, im Winter gibt es ein kleines Skigebiet und Langlaufloipen. Die Durchfahrt über den Staller Sattel ist im Winter geschlossen.

Sehenswert

Zeitreise Defereggental

| Geschichtsmuseum |

Diese Ausstellung im Archäologischen Talschaftsmuseum in St. Jakob dokumentiert die Geschichte des Defereggentals von der Eiszeit über die Ära des Bergbaus im Trojertal bis zur Protestantenausweisung 1732 (s. oben). Glanzstück ist ein rund 1000 Jahre alter Einbaum aus Zirbenholz, der in einem See am Staller Sattel gefunden wurde.

■ Unterrotte 3, 9963 St. Jakob i. D., tgl. 9–20 Uhr, Eintritt frei

Defereggen Heilwasser

| Schaubetrieb |

Das moderne, künstlerisch gestaltete Heilquellhaus, das auch eine Tropfsteinhöhle einbezieht, dient als Abfüllgebäude für das Deferegger Heilwasser. Bei der Quelle, die aus rund 2000 m Tiefe kommt, handelt es sich um eine jodhaltige Natrium-Chlorid-Sole-Therme. Das Wasser soll bei Hauterkrankungen und Erkrankungen der Atemwege helfen. Bei Führungen erfährt man Interessantes über Anwendungen und Wirkungen.

■ Unterrotte 75, 9963 St. Jakob i. D., www.heilwasserquelle.at, Führungen Mo–Fr 14 Uhr, Sa, So nach Voranmeldung, Mitte Okt.–Anf. Dez., Mitte April–Anf. Juni nur nach Voranmeldung

Oberhauser Zirbenwald

| Naturdenkmal |

Der rund 300 ha große Wald oberhalb von St. Jakob ist der größte zusammenhängende Zirbenbestand Osttirols und steht als solcher zum Teil unter Naturschutz. Die bis zu 600 Jahre alten Bäume bewachsen häufig Felsblöcke und umschließen diese mit ihren Wurzeln. Entlang einem 1,5 km langen Lehrpfad informieren Tafeln über das Ökosystem. Der Themenweg beginnt beim Alpengasthof Oberhaus, den man von Erlsbach aus auf einer Mautstraße oder im Rahmen einer ca. 90-minütigen Wanderung erreicht. Im Ort gibt es ergänzend die Ausstellung »Erlebnis Zirbe« (Handlhaus, in der Saison Mo–Fr 8–18 Uhr).

Restaurants

€ | Alpengasthof Zollwirt Klassisches Osttiroler Gasthaus mit Übernachtungsmöglichkeiten im St. Jakober

Ortsteil Oberrotten. Spezialität sind Lamm-, Wild- und Fischgerichte. ■ Oberrotte 60, 9963 St. Jakob i. D., Tel. 04873 52 25, www.zollwirt.at, in der Saison tgl. 11–21 Uhr

Einkaufen

Deferegger Machlkammer In der Machlkammer in Hopfgarten präsentieren Kunsthandwerker der Kreativgruppe Defereggental ihre Erzeugnisse. Zum Verkauf angeboten werden auch lokale Spezialitäten von Bienenhonig über Edelbrände und Kräutertees bis zu Fichtenspitzensirup. ■ Dorf 10, 9961 Hopfgarten, Tel. 0699 12 02 65 93, www.deferegger-machlkammer.at, Mo, Mi, Fr 15–18, Sa 9–12 Uhr

Wandern

Jagdhausalm und Pfauenauge Die auf gut 2000 m Höhe im Arvental, einem Seitental des Defereggentals, gelegene Alm geht auf das 13. Jh. zurück und zählt damit zu den ältesten bewirtschafteten Almen Österreichs. Die 19 aus Stein erbauten Hütten, von denen manche aus dem 15. und 16. Jh. stammen, dienen als Lager, Ställe und Unterkunft der Senner. Zur Siedlung gehört die Maria-Hilf-Kapelle. Ganz in der Nähe liegt das Pfauenauge, ein kreisrunder Bergsee. Eine beliebte Wanderung zur Jagdhausalm startet beim Gasthof Oberhaus am Ende der Mautstraße ins Arvental – eine leichte Tour mit rund 2 Std. Gehzeit.

Die erfolgreich renaturierte Schwarzach ist die Lebensader des Defereggentals

Highlight im Nationalpark Hohe Tauern: das wildromantische Gschlößtal

39 Matrei und Virgental

Alle Orte des Virgentals liegen im Nationalpark Hohe Tauern

Information

- Tourismusinformation Matrei, Nationalparkregion Hohe Tauern, 9971 Matrei in Osttirol, Rauterplatz 1, Tel. 050212400, www.matreiosttirol.com

Matrei ist der erste Ort, dem man auf der Fahrt vom Felbertauern nach Osttirol begegnet. Die Marktgemeinde mit knapp 5000 Einwohnern hat eine lange Historie, gehörte bis 1812 zu Salzburg, wurde dann Tirol zugesprochen. Waren es früher die Walser, die den Ort als Station auf Reisen über den Alpenhauptkamm nutzten, sind es heute vorwiegend Touristen. Dabei liegt Matrei an der Mündung des Tauernbachs in die Isel, wo das Virgental nach Westen abzweigt, selbst sehr günstig als Urlaubsdomizil.

Hauptorte des Virgentals sind Virgen mit der Wallfahrtskirche Maria Schnee, Prägraten am Großvenediger und Hinterbichl am Eingang zum Umbaltal mit den gleichnamigen beeindruckenden Wasserfällen. Östlich von Matrei ragt die Großglocknergruppe auf – von der Bergstation der Goldriedbahn kann man auf dem Europa-Panoramaweg zur Blauspitzbahn wandern, die zum Glocknerdorf Kals hinabfährt. In Matrei selbst unterhält der Nationalpark Hohe Tauern ein Infozentrum, das auch Exkursionen anbietet.

Sehenswert

Nationalpark Hohe Tauern
| Naturschutzgebiet |

10 *Gletscherfelder, klare Bergseen, Wildbäche und Wasserfälle*

Der Nationalpark Hohe Tauern spielt im Sommertourismus die absolute Hauptrolle. Im Nationalparkhaus in Matrei am Kirchplatz gibt es eine Ausstellung und viel Dokumentationsmaterial. Besonders interessant sind

ADAC *Mobil*

Den ganzen Bergsommer über verkehren ab Lienz **Wanderbusse** und **Tälertaxis**, mit denen man in der Nationalparkregion Hohe Tauern Tirol die Wanderausgangspunkte im Defereggen-, Virgen- und Tauerntal bequem erreichen kann. Fahrpläne und Ticketpreise unter *www.hohetauern.at*.

aber die angebotenen Aktivitäten. Dazu gehören Touren mit den Nationalparkrangern zur Beobachtung von Tieren, zum Kennenlernen von Kräutern und Beeren oder zum Entdecken eindrucksvoller Wasserfälle.

■ Kirchplatz 2, 9971 Matrei i. O., Tel. 04875 511 20, www.hohetauern.at

Umbalfälle

| Wasserfälle |

Die über mehrere Stufen ins Tal stürzenden Fälle im hinteren Virgental bei Ströden zählen zu den bekanntesten Sehenswürdigkeiten Osttirols. Glatt geschliffene Steine und ausgewaschene Höhlungen lassen die Urgewalt der Wassermassen erahnen. Man erreicht das Naturschauspiel zu Fuß (gut 1 Std.) oder mit der Pferdekutsche vom Wanderparkplatz Ströden aus. Der Weg führt zunächst zur Islitzer Alm, dort beginnt der Wasserschaupfad mit Infotafeln und Aussichtsplätzen, die beeindruckende Blicke auf das tosende Wasser des Umbalbachs bieten.

Glocknerwinkel

| Besucherzentrum |

Nur wenige Schritte vom Lucknerhaus entfernt steht oberhalb von Kals das neue Besucherzentrum Glocknerwinkel. Es bietet viele Infos zum höchsten Berg Österreichs und die »Big Five« des Nationalparks Hohe Tauern, setzt in einem großen Raum mit Glasfront zudem das Großglocknerpanorama in Szene. Ganz in der Nähe beginnt der Themenweg »Glocknerspur – BergeDenken« mit Infotafeln, Schauobjekten und vielen Anregungen, die Natur ringsum ganz bewusst wahrzunehmen.

■ www.hohetauern.at, www.glocknerspur.at, tgl. 9–16 Uhr, Eintritt frei

Im Blickpunkt

Hohe Tauern – der größte Nationalpark der Alpen

Den Nationalpark Hohe Tauern teilt sich Tirol mit den Bundesländern Kärnten und Salzburg. In dem 1856 km² großen Schutzgebiet ragen neben dem Großglockner noch mehr als 300 weitere Dreitausender in den Himmel. Die Fläche teilt sich auf in eine Außenzone, in der Almwirtschaft betrieben und Nutztiere gehalten werden dürfen, und eine Ruhezone, in der sich Tiere und Pflanzen ungestört entwickeln können. An die 10 000 Tierarten haben dort ein Refugium gefunden, neben Steinböcken, Gemsen und Murmeltieren auch bedrohte wie Steinadler, Bart- und Gänsegeier. Bei geführten Ausflügen mit Nationalparkrangern kommt man ihnen mit etwas Glück ganz nahe. Gut stehen die Chancen oberhalb von Kals im Ködnitztal oder rund um die Clarahütte im Virgental.

Der König unter Österreichs Gipfeln: seine Majestät, der Großglockner

Restaurants

€€ | **Strumerhof** In herrlicher Panoramalage hoch oben über Matrei liegt der Bergbauernhof, der sich auch Kräuterwirtshaus nennt. Küchenchefin Maria Holzer versteht es bestens, mit regionalen Zutaten köstlich aufzukochen – ob Brennnesselknödel, Wiesenlasagne, Lamm im Bergheu gebraten oder Quendel-Hendl. ■ Hinteregg 1, 9971 Matrei, Tel. 04875 63 10, www.strumerhof.at, im Sommer Sa, So, Fei

€€ | **Lucknerhaus** Von Kals führt eine lange Mautstraße hinauf zu dem einsamen Berggasthof, der ein beliebter Ausgangsort für Touren Richtung Großglockner ist. Vor oder nach der Tour kann man sich im großen Speisesaal oder auf der Sonnenterrasse mit Tiroler Spezialitäten stärken. ■ Glor-Berg 16, 9981 Kals am Großglockner, Tel. 04876 85 55, www.lucknerhaus.at, Feb.–Okt. tgl. 11.30–20 Uhr

Wandern

25 **Innergschlöß und Venedigerhaus** Direkt unterhalb des Felbertauern-Südportals öffnet sich das Gschlößtal und verläuft westwärts in Richtung Großvenediger. Vom Parkplatz beim Matreier Tauernwirt führt eine ca. einstündige Wanderung zunächst nach Außer-, dann weiter nach Innergschlöß. Beim schönsten Talschluss der Ostalpen auf knapp 1700 m gibt es eine Siedlung mit alten, eng aneinander gebauten Berghütten und dem Venedigerhaus, einem historischen Gasthof mit guter Küche und Übernachtungsmöglichkeiten. Dort starten Touren aller Schwierigkeitsgrade, vom anspruchsvollen, aber durchaus machbaren Gletscherschaupfad zum Schlatenkees bis zur Hochtour über Alte und Neue Prager Hütte auf den Großvenediger. ■ www.venedigerhaus-innergschloess.at

Übernachten

Das Angebot hat sich in Osttirol in den letzten Jahren deutlich verbessert, inzwischen gibt es attraktive Quartiere nicht nur in Lienz, sondern auch in Matrei und Kals. Auch im Defereggental findet man vielfältige Übernachtungsmöglichkeiten. Das Naturerlebnis steht bei vielen Osttirol-Besuchern im Vordergrund. Das erklärt die Popularität des Villgratentals und den Erfolg der Oberstalleralm, einer Ansammlung archaischer Almhütten, die man mieten kann und die fast immer ausgebucht sind.

Lienz 110

€€€ | **Parkhotel Tristachersee** Elegantes Viersternehotel, wenige Kilometer von Lienz entfernt inmitten von Wäldern in einem Naturschutzgebiet gelegen. Das Westufer des angrenzenden Sees ist im Besitz des Hotels, das seine Gästen zwei Badestege und Ruderboote bietet. Gute Küche, Pool, Sauna und Dampfbad. Idealer Ausgangsort für Ausflüge in die Lienzer Dolomiten oder Touren auf dem beliebten Drauradweg. ■ Tristachersee 1, 9908 Amlach/Lienz, Tel. 04852 676 66, www.parkhotel-tristachersee.at

Hochpustertal 113

€€ | **Hotel Perfler** Mittelklassehotel mit auffälliger Holzfassade und insgesamt modernem Design im Zentrum. von Sillian. Sauna im Haus. ■ Sillian 166, 9920 Sillian, Tel. 04842 63 54, www.hotel-perfler.at

€€€ | **Strasserwirt** Viersternehotel in einem alten Ansitz im klassischen Tiroler Stil abseits der Drautalstraße in Strassen. Mit Saunen, Dampfbad, Feng-Shui-Garten und Yogakursen. Interieur teils modern, teils romantisch. ■ Dorfstr. 28, 9918 Strassen, Tel. 04846 63 54, www.strasserwirt.com

ADAC *Das besondere Hotel*

Spiele- und Buchhotel Tschitscher
»Abschalthotel« nennt sich dieser ehemalige Gutshof 13 km östlich von Lienz, in dem es kein Fernsehen gibt, dafür aber mehr als 200 Spiele, Hunderte Bücher sowie Musik- und Hörbuch-CDs. Bei nur sieben Zimmern gibt es drei Aufenthaltsräume und an jedem ersten Sonntag im Monat einen Spielenachmittag.
€€ | 9782 Nikolsdorf, Tel. 04858 82 19, www.spielehotel.at

Tiroler Gailtal 116

€ | Aparthotel Monte Dreisternehotel in Kartitsch in sonniger Lage mit rustikal eingerichteten Zimmern und Ferienwohnungen, alle verfügen über Balkon oder Terrasse mit Bergblick. Sehr nette Gastgeber. Spaangebot mit Sauna, Dampfbad und Infrarotkabine. ■ Kartitsch 45, 9941 Kartitsch, Tel. 04848 53 48, www.hotelmonte.at

€€ | Hotel Weiler Am westlichen Ortseingang steht das Traditionshaus, das modernisierte Zimmer mit stilgerechter Holzausstattung und eine angenehmer Atmosphäre zu bieten hat. Zu dem Mittelklassehotel gehört auch ein kleiner Wellnessbereich. ■ Dorf 1, 9942 Obertilliach, 04847 52 02, www.hotel-weiler.at

€€ | Refugium Tilliach Ein historischer Hof mitten in der Natur bei Untertilliach mit einem unkonventionellen Konzept: Die Gäste kochen in der großzügigen Profiküche für sich selbst. Auch zwei Speiseräume, eine Bibliothek, Sauna und Dampfbad stehen ihnen zur Verfügung. In den 12 Zimmern schaut man aus Bauernbetten auf die Dolomiten. ■ Aue-Bichl-Winkel, 9943 Untertilliach, Tel. 0650 680 23 40, www.refugiumtilliach.com

Defereggental 117

€€ | Naturhotel Tandler Das Viersternehotel in St. Jakob bietet komfortable Zimmer, die mit heimischen Hölzern ausgestattet sind, ein Restaurant mit regionalen Spezialitäten und einen Wellnessbereich mit Saunen und Dampfbad. Für Fliegenfischer gibt es ein hoteleigenes Fischereirevier. ■ Innerrotte 34, 9963 St. Jakob i. D., Tel. 04873 63 55, www.tandler.at

€€€ | Hotel Defereggental Spezialität des Viersternehotels bei St. Veit ist neben dem großzügigen Wellnessbereich eine Flotte von Porsche Cabrios, die von Gästen für Ausfahrten gebucht werden können. ■ Bruggen 84, 9962 St. Veit i. D., Tel. 04879 664 40, www.hotel-defereggental.at

Matrei und Virgental 120

€ | Zedlacherhof Ruhig gelegenes Gästehaus am Eingang ins Virgental oberhalb von Matrei. Rund um Zedlach gibt es schöne Lärchenwälder, bekannt als Zedlacher Paradies. Rustikale Zimmer und Ferienwohnungen zu günstigen Preisen. Familiäre Atmosphäre. ■ Zedlach 4, 9971 Matrei in Osttirol, Tel. 0680 322 11 86, www.zedlacherhof.com

€€ | Replerhof Familienhotel Das beliebte Familienhotel im Virgental bietet einen eigenen Biobauernhof, einen Naturspielplatz und eine Wellnessoase. Das Freizeitangebot für den Nachwuchs umfasst Spielplätze, Kinderwellness, einen Kinder Erleben Club und einen Landkindergarten. ■ Sankt Andrä 73, 9974 Prägraten am Großvenediger, Tel. 04877 63 45, www.replerhof.at

€€€ | Adlerlounge Urlaub ganz oben. Die moderne Lounge ist der höchste Punkt des Skigebiets Großglockner Resort. Eine extravagante Glaskonstruktion, ein exzellentes Restaurant und vier Doppelzimmer mit hoher Erlebnisqualität. Das gilt ganz besonders für die Sonnenaufgangszimmer, in denen man morgens die Sonne über dem Großglockner aufgehen sieht. Im Sommer und Winter geöffnet. ■ Haus Nr. 81, 9981 Kals, Tel. 04876 823 32 50, www.adlerlounge.at

ADAC *Service Tirol*

Beim **ADAC Infoservice**, in den **ADAC Geschäftsstellen** sowie auf dem **Internetportal des ADAC** (www.adac.de) erhalten Sie Informationen zu den Dienstleistungen des Automobilclubs und zu Ihrem Reiseziel. Als **ADAC Mitglied** können Sie zudem das kostenlose **ADAC TourSet® Tirol** mit vielen Reiseinfos und Karten anfordern oder die **TourSet App** auf dem **Smartphone** oder **Tablet-PC** installieren (www.adac.de/toursetapp).
Rufen Sie bei Notfällen und Pannen den **ADAC Notruf** bzw. den **ADAC Auslandsnotruf** an. Unser Team steht Ihnen rund um die Uhr zur Verfügung.

ADAC Infoservice

Tel. 0800/5101112
Infos zu allen ADAC Leistungen
(Mo–Sa 8–20 Uhr, gebührenfrei)

ADAC Notruf Deutschland

Tel. 0180/2222222
(24 Std., ca. 6 ct/Anruf, max. 42 ct/Min. aus deutschem Mobilfunknetz)

ADAC Notruf Mobil-Kurzwahl

Tel. 222222
(Gebühren variieren je nach Netzbetreiber)

ADAC Auslandsnotruf

Tel. +49/89/222222
(Gebühren variieren je nach Netzbetreiber und Land)

Internet-Serviceangebote des ADAC für Ihre Reiseplanung

Service	Webadresse
Aktuelle Verkehrslage	www.adac.de/verkehr
ADAC Routenplaner	www.adac.de/maps
Infos zu Tankstellen und Spritpreisen	www.adac.de/tanken
Infos zu mautpflichtigen Strecken	www.adac.de/maut
Infos zu Fährverbindungen	www.adac.de/faehren
ADAC TourMail (Aktuelle Infos vor Anreise)	www.adac.de/tourmail
Informationen für Camper	www.adac.de/camping
Informationen für Motorradfahrer	www.adac.de/motorrad
Informationen für Segler und Skipper	www.adac.de/sportschifffahrt
ADAC Reiseangebote	www.adacreisen.de
ADAC Autovermietung	www.adac.de/autovermietung
ADAC Versicherungen für den Urlaub	www.adac.de/versicherungen
Weltweite Preisvorteile für ADAC Mitglieder	www.adac.de/vorteile-international

Diese **Produkte des ADAC** könnten Sie interessieren: **ADAC Reisemagazin Oberösterreich, ADAC Reiseführer Wien und ADAC Reiseführer Südtirol** – erhältlich im Buchhandel, bei den ADAC Geschäftsstellen und in unserem ADAC Online-Shop (www.adac.de/shop).

Anreise und Einreise

Einreise

Österreich gehört zu den Unterzeichnern des Schengener Abkommens, Grenzkontrollen finden daher allenfalls sporadisch statt. Zur Einreise genügt für EU-Bürger und Schweizer ein gültiger **Personalausweis** bzw. **Reisepass.** Kinder benötigen ein eigenes Ausweisdokument.

Auto

Von der Schweiz und dem Westen Deutschlands aus erreicht man Tirol am schnellsten auf der A 96/A 14, wobei Pfänder- und Arlbergtunnel Engpässe bilden. Aus Richtung Norden reist man auf der A 7 über Kempten und Füssen oder über die A 8/A 93 via Innsbruck und Kufstein ein. Beliebt ist auch die Anfahrt über Mittenwald-Scharnitz oder den Achenpass. Nach Osttirol gelangt man über Innsbruck und die Brennerautobahn oder durch den Felbertauerntunnel. Bei allen Strecken gilt ab der Landesgrenze die **Vignettenpflicht** (siehe Maut). Auch für das Durchfahren des Arlberg- und Felbertauerntunnels wird eine **Maut** erhoben (10 € bzw. 11 € pro Pkw). Auf der Tiroler Inntalautobahn A 12 kommt es während der Hauptreisezeiten regelmäßig zu Staus, vor allem bei der Wiedereinreise nach Deutschland bei Kufstein wegen sporadischer Grenzkontrollen.

Bahn

Schnellzugverbindungen führen über Bregenz und den Arlberg oder über München und Kufstein nach Innsbruck. Eher gemütlich, aber landschaftlich reizvoll ist die Fahrt von München nach Innsbruck über Garmisch-Partenkirchen, Mittenwald, Scharnitz und Seefeld. Nach Lienz in Osttirol gelangt man über Spittal in Kärnten, Kitzbühel (ab dort Expressbus durch den Felbertauerntunnel) oder über Bozen, Toblach und Innichen. Bei rechtzeitiger Buchung sind günstige **Europa-Spezialtickets** ab 19,90 € zu bekommen, auch die **ÖBB-Sparschiene** schont mit Tickets ab 19 € den Geldbeutel.

Bus

Wer mit dem Bus nach Tirol reisen möchte, kann das mit verschiedenen Reiseveranstaltern tun oder den **Fernbus** nehmen. FlixBus (www.flixbus.de) verkehrt von mehreren europäischen Städten aus nach Innsbruck, Dietrich Touristik (www.dietrich-touristik.at) von Chemnitz über München, Garmisch, Krün und Seefeld nach Telfs. Eurobus fährt von 14 Einstiegsorten in der Schweiz aus nach Seefeld, an den Achensee und ins Zillertal. Nach Lienz in Osttirol verkehren **Postbusse** von Kufstein und Innsbruck aus. Im Winter bestehen verschiedene **Skibusverbindungen** ab München (www.skibusmuenchen.de).

Flugzeug

Von mehreren deutschen Städten und von Zürich aus bestehen Direktverbindungen nach **Innsbruck** (INN, www.innsbruck-airport.com) u.a. mit Austrian Airlines (www.austrian.com) und Lufthansa (www.lufthansa.com). Die Flugzeit beträgt etwa 1 Std., länger dauern Umsteigeverbindungen über Wien. Eine Alternative sind Flüge nach **Memmingen** oder **München.** Von dort gibt es einen Shuttle-Service zu den wichtigsten Urlaubsdestinationen in Tirol (www.tirol-taxi.at).

Auto und Straßenverkehr

Führerschein und Papiere

Nötig sind **nationaler Führerschein, Zulassungsbescheinigung Teil 1** (vormals Kfz-Schein) und ein Nationalitätskennzeichen, falls das Fahrzeug kein Euro-Kennzeichen hat. Die Mitnahme der Internationalen **Grünen Versicherungskarte** ist nicht vorgeschrieben, wird aber empfohlen, da sie bei einem Unfall die Abwicklung erleichtert.

Straßennetz und Sicherheit

Tirol hat ein sehr gut ausgebautes Straßennetz. Eine Besonderheit sind die zahlreichen Berg- und Passstraßen, die wegen ihrer vielen Kurven und starken Steigungen erhöhte Aufmerksamkeit erfordern. Man sollte für solche Strecken genügend Zeit einplanen und ausreichend Benzin im Tank haben, da der Verbrauch bei Bergfahrten extrem steigen kann. Im Winter und teils auch im Frühjahr und Herbst ist in höheren Lagen mit Schnee und Eis zu rechnen. Die Timmelsjochstraße vom Ötztal nach Südtirol und die Hahntennjochstraße vom Lechtal Richtung Inntal haben jeweils Wintersperren, ebenso die Silvretta Hochalpenstraße zwischen Paznauntal und Montafon.

Verkehrsvorschriften

Die Verkehrsvorschriften entsprechen auch bezüglich der **Geschwindigkeitsbeschränkungen** weitgehend den deutschen. Eine Besonderheit sind die Tempolimits auf der Inntalautobahn gemäß dem IG-L, dem Immissionsschutzgesetz-Luft. Diese Verordnung dient der Verbesserung der Luftqualität. Verstöße werden als Umweltvergehen behandelt und kommen den Temposünder teurer zu stehen als normale Überschreitungen. Wer auf den touristischen Hauptstrecken unterwegs ist, sollte auf die grauen Radarkästen am Straßenrand achten. Neuerdings gibt es vor allem an den Autobahnen moderne Versionen mit hohen Kamerasäulen.

Die **Promillegrenze** beträgt 0,5, für Fahrer, die den Führerschein noch keine zwei Jahre besitzen, 0,1. Telefonieren ohne Freisprechanlage ist verboten. Im Fahrzeug gilt **Rauchverbot,** wenn sich mindestens eine Person unter 18 Jahren darin befindet. Fahrer von mehrspurigen Kraftfahrzeugen müssen eine **Warnweste** mitführen. In der Zeit vom 1. November bis zum 15. April besteht bei winterlichen Straßenverhältnissen **Winterreifenpflicht.** Auf Passstraßen können außerdem Schneeketten vorgeschrieben sein.

Auf Autobahnen und Schnellstraßen ist bei Staus oder stockendem Verkehr vorausschauend eine **Rettungsgasse** zu bilden. Bei Gegenverkehr auf schmalen Bergstraßen muss dasjenige Fahrzeug zurücksetzen, dem es aufgrund der örtlichen Verhältnisse gerade leichter fällt.

Tempolimits in Österreich

Straße	Tempolimit
Ortschaft	max. 50 km/h
Landstraße	max. 100 km/h
Autobahn	max. 130 km/h

Tanken

In Tirol gibt es ein dichtes Netz an Tankstellen, die in der Regel von 8 bis 20 Uhr geöffnet sind, an Autobahnen und teils an Schnell- und Bundesstraßen rund um die Uhr. Diesel kostet im Schnitt 1,24 €, Superbenzin 1,29 € pro

Liter. An den Hauptdurchgangsstrecken können die Preise weit über dem Durchschnitt liegen.

Parken

Eine gelbe durchgehende Linie am Straßenrand oder Gehsteig zeigt ein **Halte- und Parkverbot** an. Unterbrochene gelbe Linien drücken ein Parkverbot aus. Weiße Markierungen weisen auf erlaubte Parkplätze hin. **Kostenfreie Kurzparkzonen** sind in den meisten Städten durch Hinweisschilder oder blaue Markierungen gekennzeichnet. In Innsbruck gibt es seit Kurzem kostenpflichtige 180-Minuten Kurzparkzonen. Hier und in Hall kann man die **Parkgebühren** auch mit dem Handy begleichen. Nähere Informationen unter www.handyparken.at. Achtung: Auch auf Wanderparkplätzen stehen häufig Automaten!

Maut

Fahrten auf der Autobahn sind in Österreich vignettenpflichtig. Das erforderliche »Pickerl« kostet für zehn Tage 9 €, für zwei Monate 26,20 € und für ein Jahr 87,30 €. Man kann es bei Automobilclubs und grenznahen Tankstellen als Aufkleber für die Windschutzscheibe erwerben oder als digitale Vignette, die an das Autokennzeichen gebunden ist. Zusätzlich erhebt die für die Bewirtschaftung der Autobahnen zuständige Asfinag noch Streckenmaut auf der Brennerautobahn. Sie kostet für einen Pkw 9,50 €. Mautpflichtig sind zudem größere Autobahntunnels und Panoramastraßen.

Unfall

Bei Unfall sollte man sofort anhalten, die Unfallstelle sichern und ggf. Verletzten helfen, bei Personenschäden in jedem Fall **Ambulanz** und **Polizei** rufen. Bei Sachschäden empfiehlt sich die Verwendung des »Europäischen Unfallberichts« (in den ADAC Geschäftsstellen erhältlich). Im Falle einer Panne hilft der österreichische Automobilclub ÖAMTC, Partnerorganisation des ADAC. Den **ADAC Auslandsnotruf** erreicht man unter Tel. +49/89/22 22 22, die Pannenhilfe des ÖAMTC unter 120, die des ARBÖ unter 123.

Barrierefreies Reisen

In Tirol gibt es zahlreiche rollstuhlgerechte Seilbahnen, 19 geprüfte Handbikerouten, 24 Rolli-Wanderwege und 13 Monoskigebiete – eine Übersicht findet man unter www.tirol.at/barrierefrei. Besonders groß ist das Angebot für Reisende mit Handicap im Kaunertal: Hier besteht barrierefreier Zugang zum Skigebiet, Monoskifahrer können direkt an der Piste parken und starten. Das Gletscherrestaurant ist behindertengerecht, und mehrere Gastbetriebe haben sich auf Gäste mit Handicap spezialisiert, verleihen Sportgeräte wie Swiss Tracs, Handbikes, Monoski oder Langlaufschlitten. Am Achensee und in Seefeld gibt es spezielle Loipen für Schlittenlangläufer. Im Zillertal wird das Paket Tirol Unlimited angeboten, das Unterkunft, Rafting, Lifttickets, Eintritte und Assistenz durch erfahrene Sozialpädagogen umfasst (www.tirol-unlimited.at). Weitere Infos unter www.oeziv-tirol.at.

Diplomatische Vertretungen

Die Auslandsvertretungen des jeweiligen Heimatlandes helfen beim Verlust von Reisedokumenten oder bei Problemen mit Behörden.

Festivals und Events

Januar

Hahnenkammrennen Kitzbühel wird für ein Wochenende zum Mittelpunkt der Glamourwelt mit vielen Party und Promis (www.hahnenkamm.com).

Februar

Fasnacht Vielerorts in Tirol wird mit bunten Masken und Kostümen der Sieg des Frühlings über den Winter zelebriert (S. 98).

Buntes Maskentreiben beim Fasching

Mai

Gauder Fest Das größte Trachtenfest Tirols findet im Zillertal statt (www.gauderfest.at).

Ritter-Fest Kufstein Hunderte Akteure erfüllen die Festung Kufstein mit mittelalterlichem Leben (www.ritter-fest.de).

Juli

Tiroler Festspiele Oper, Konzerte, Tanz und Theater im modernen Festspielhaus in Erl (www.tiroler-festspiele.at).

Tiroler Volksschauspiele Theaterfestival in Telfs mit Stücken von renommierten Autoren in wechselnden Spielstätten (www.volksschauspiele.at).

August

Karwendelmarsch 2500 Teilnehmer durchqueren den Karwendel von Scharnitz bis zum Achensee (www.karwendelmarsch.info).

Bergfilmfest St. Anton Das Festival zeigt Berg- und Outdoorfilme aus aller Welt, mit vielen Premieren und internationalen Stars als Gästen (www.filmfest-stanton.at).

August

Klangspuren Schwaz Festival für Neue Musik mit renommierten Ensembles aus der ganzen Welt und ungewöhnlichen akustischen Begegnungen (www.klangspuren.at).

Almabtriebe Ende Sept./Anfang Okt. wird die Rückkehr der Kühe von den Almen in die Dörfer gefeiert; bei der Schafschoad in Pfunds stehen die Schafe im Mittelpunkt.

Oktober

Skiweltcup Opening Die ersten Skirennen auf dem Rettenbachferner oberhalb von Sölden sind der Auftakt für die Rennsaison und ein großes Medienevent (www.skiweltcup.soelden.com).

November, Dezember

Christkindlmärkte Zu den schönsten zählt der Weihnachtsmarkt in der Innsbrucker Altstadt vor dem Goldenen Dachl.

Krampusläufe Am 5./6. Dezember zieht der strenge Begleiter des Nikolaus als Schreckgestalt mit Maske und Tierhörnern durch die Straßen, um Passanten zu erschrecken (www.krampuszeit.at).

Deutsches Honorarkonsulat
■ Bozner Platz 4, Palais Hauser, 6020 Innsbruck, Tel. 0512 57 01 99, www.wien.diplo.de

Schweizerisches Konsulat
■ c/o Achammer-Tritthart & Partner, Heiliggeiststr, 16, ATP-Haus, 6020 Innsbruck, Tel. 0512 53 70 15 00, innsbruck@honrep.ch

Feiertage

1. Januar (Neujahrstag), 6. Januar (Heilige Drei Könige), 19. März (St. Josefstag, Feiertag im Sinne des Landesrechts), Ostermontag, 1. Mai (Tag der Arbeit), Christi Himmelfahrt, Pfingstmontag, Fronleichnam, 15. August (Mariä Himmelfahrt), 26. Oktober (Nationalfeiertag), 1. November (Allerheiligen), 8. Dezember (Mariä Empfängnis), 25./26. Dezember (Weihnachten)

Geld und Währung

In Österreich ist der Euro die offizielle Währung. **Bargeldabhebung** am Geldautomaten mit Kredit- oder Bankkarte sind kein Problem, die Hausbank informiert über Tageslimits und anfallende Gebühren. Alle gängigen **Kreditkarten** werden akzeptiert.

Gesundheit

EU-Bürger mit gesetzlicher Krankenversicherung erhalten über die Europäische Versicherungskarte medizinische Leistungen, oft allerdings nur gegen Vorkasse – die entsprechenden Quittungen sind aufzubewahren. Der behandelnde Arzt muss ein vertragliches Abkommen mit einer österreichischen Versicherung haben. **Apothekenbereitschaftsdienste** hängen im Schaufenster aus, **Ärztenotdienste** kann man der Tageszeitung oder Gästebroschüren der Tourismusinformationen entnehmen.

Österreich gilt als Zeckengebiet, in Tirol ist das Risiko jedoch vor allem in höheren Lagen eher gering. Bei einem Urlaub in tiefer gelegenen Landesteilen kann eine **FSME-Impfung** jedoch sinnvoll sein, wenn man sich viel in der Natur bewegt.

Haustiere

Für Hunde und Katze ist ein gültiger, vom Tierarzt ausgestellter **EU-Heimtierausweis** mit Nachweis einer Tollwutimpfung nötig, ebenso die Kennzeichnung durch Mikrochip oder Tätowierung. Unter der Webadresse www.pfotencheck.com findet man Hotels, in denen Vierbeiner willkommen sind. In öffentlichen Verkehrsmitteln sowie bei größeren Menschenansammlungen besteht **Leinen- und Maulkorbpflicht.**

Information

Tirol Info
■ Maria-Theresien-Str. 55, 6020 Innsbruck, Tel. 0512 727 20, www.tirol.at

Osttirol Information
■ Mühlgasse 11, 9900 Lienz, Tel. 050 21 22 12, www.osttirol.com

Die **Tirol Reiseführer App** bietet eine umfangreiche Sammlung von Ausflugzielen. Über Verbindungen mit öffentlichen Verkehrsmitteln in Tirol und auch im restlichen Österreich informiert die **VVT SmartRide App.** Beide Apps sind im Apple App Store und im Google Play Store kostenlos erhältlich.

Klima und beste Reisezeit

In Tirol herrscht kontinentales Klima mit warmen, aber häufig regenreichen Sommern und schneereichen Wintern. Die meisten Niederschläge fallen in den Kalkalpen nördlich des Inntals, Osttirol hat aufgrund seiner Lage südlich des Alpenhauptkamms am wenigsten Regen und die meisten Sonnenstunden. Die besten Bedingungen für Wanderer herrschen von Mai bis Mitte Oktober, im Hochgebirge beginnt die Saison erst Mitte Juni und endet Ende August/Anfang September. Im September und Oktober kann in höheren Lagen bereits Schnee fallen, ab Oktober ist mit Sperrungen auf Panoramastraßen und Passübergängen zu rechnen. Die Skisaison dauert von Ende November bis März, in den Gletscherskigebieten bis Mai.

Medien

In Trafiken, wie Kioske in Österreich heißen, bekommt man auch internationale Zeitungen. Die am meisten gelesene regionale Zeitung ist das »Tiroler Tageblatt« (www.tt.at). Radio Tirol ist das vom ORF betriebene Regionalradio für Tirol (www.tirol.orf.at/radio).

Notfall

Internationaler Notruf 112, Polizei 133, Feuerwehr 122, Ambulanz 144, Bergrettung 140, ADAC Auslandsnotruf +49/89/22 22 22, ÖAMTC 120, ARBÖ 123

Öffnungszeiten

In größeren Städten haben die **Geschäfte** und **Supermärkte** meist von 9/9.30 bis 19/19.30 Uhr geöffnet, in kleineren ist eine Mittagspause üblich (ca. 12–14 Uhr), geöffnet wird meist um 8, geschlossen um 18, Samstag bereits um 12 Uhr. **Banken** empfangen i. d. R. Mo–Fr 8.30–12.30 und 14–16.30 Uhr Kundschaft, manche auch durchgehend. **Postämter** Mo–Fr 8–18.30, in größeren Orten auch Sa 9–13 Uhr. **Museen** sind meist Mo geschlossen.

Post

Briefmarken bekommt man in Postämtern und Trafiken, oft auch in Andenkenläden. Briefe und Postkarten innerhalb Europas kosten 0,80 €.

Rauchen

Österreich ist eines der letzten Länder Westeuropas, wo in Gastronomiebetrieben noch gequalmt werden darf. Das Alter für den Kauf von Zigaretten wurde jedoch von 16 auf 18 Jahre angehoben und das Rauchen im Auto mit Minderjährigen unter Strafe gestellt.

Sicherheit

Von der überall üblichen Kleinkriminalität an öffentlichen Plätzen abgesehen muss man sich um seine Sicherheit keine Sorgen machen. Die größten Gefahren drohen bei **unvorsichtigem Verhalten am Berg** – schlechte Ausrüstung, falsche Selbsteinschätzung, Missachten der Wetterlage.

Souvenirs

Das Angebot an typischen Tiroler Produkten ist groß und reicht von Trachtenkleidung und entsprechenden Accessoires über Speck und Schnaps bis zu Kosmetika und Pflegeprodukten aus Zirbe, Bergkräutern oder Tiroler Steinöl. Beliebt ist auch Glitzerndes von Swarovski und Glas aus Rattenberg. Eine gute Auswahl an zeitgemäßen Souvenirs findet man in den Tirol Shops der Tourismuswerbung und im Kaufhaus Tyrol in Innsbruck.

Sport

Biken und Radfahren

Tirol besitzt ein insgesamt 920 km langes Radwegenetz, darunter Fernradwege wie den Innradweg, den Zillertalradweg, den Lechradweg und den Drauradweg in Osttirol. In zwölf Regionen hat man sich speziell auf Genussradler eingestellt – mit fahrradfreundlichen Unterkünften, Verleih- und Akkuladestationen für E-Biker und Rad-Shuttles. Mountainbiker können sich auf rund 5600 km offiziell genehmigten Routen sowie mehr als 230 km Singletrails austoben. Für Freerider und Downhiller gibt es drei Bikeparks in Serfaus-Fiss-Ladis, Innsbruck und im Wipptal.

Rafting und Kayaking

Die Imster Schlucht und die Ötztaler Ache sind Wildwasserfans ein Begriff, ruhiger geht es auf der Tiroler Ache, der Drau und auf dem Lech zu. Rund 30 Anbieter bieten Touren für alle Könnensstufen. Die meisten haben auch Canyoning im Programm, zu den schönsten Revieren zählt die Rosengartenschlucht bei Imst.

Wandern und Bergsteigen

Tirol bietet ausgezeichnete Möglichkeiten für Wanderungen jeden Schwierigkeitsgrades von leichten Promenaden im Tal über genussvolle Almwanderungen bis zu anspruchsvollen hochalpinen Touren etwa auf den Großglockner oder den Großvenediger. Für Konditionsstarke gibt es Weitwanderwege wie den Tiroler Adlerweg, den Lechweg, den Ötztal Trek oder die Kaunergrat-Runde. Der Tiroler Abschnitt des Jakobswegs führt von Waidring im Unterland bis zum Arlberg.

Wintersport

Tirol besitzt 80 Skigebiete, darunter fünf Gletscherskigebiete. Das Spektrum reicht von kleinen Familienskigebieten wie Achensee bis zu Großraum-Skischaukeln à la Zillertal-Arena, Ski Arlberg oder Serfaus Fiss Ladis. Mehr als 300 Skischulen bieten für jeden den passenden Kurs. Das Kühtai und Ischgl haben große Snowboardparks. Auf Langläufer warten mehr als 4000 km präparierte Loipen, beliebt sind Seefeld, Leutasch und Galtür. Eine Besonderheit ist die Grenzlandloipe Obertilliach.

Strom und Steckdose

Wie in Deutschland beträgt die **Netzspannung** 230 V bei 50 Hz Wechselstrom. Es werden Stecker vom Typ F (Schukostecker) verwendet, ein Adapter ist nicht notwendig.

Telefon und Internet

In Tirol gibt es auch in Höhenlagen ein gut ausgebautes Mobilfunknetz. Mobilfunkvorwahlen sind vierstellig und beginnen mit 06. Seit Juni 2017 gibt es innerhalb der EU keine Roaminggebühren mehr, fallen keine zusätzlichen Gebühren für grenzüberschreitende Telefonate und Internetbenutzung über das eigene Smartphone an. Der

Kauf einer lokalen Prepaid-Karte kann lohnen, wenn die Verbrauchs-Höchstgrenzen überschritten wird. Über Telefonie-Apps wie Skype oder WhatsApp kann man aus einem WLAN-Netz heraus gratis telefonieren.

Internationale Vorwahlen

- Österreich 0043
- Deutschland 0049
- Italien 0039
- Schweiz 0041

Trinkgeld

Wer im Restaurant mit dem Service zufrieden war, gibt 10 % Trinkgeld, Taxi-Rechnungen rundet man auf. Das Zimmermädchen im Hotel bekommt 1–2 € pro Tag, der Kofferträger 1 € pro Gepäckstück.

Unterkunft und Hotels

Hotels

In Tirol gibt es ein sehr umfangreiches und gutes Angebot an Hotels. Dies gilt ganz besonders für die touristischen Hochburgen Kitzbüheler Alpen, Zillertal, Ötztal, Paznaun mit Ischgl und natürlich die Hauptstadt Innsbruck. Das Gros der Hotels gehört zur Drei- und Viersternekategorie. Viele Viersternehotels bieten zu fairen Preisen einen sehr guten Standard, der in manchen Fällen Fünfsternehäusern kaum nachsteht. Die Preise variieren von Region zu Region – die teuerste Destination ist mit Abstand Kitzbühel, während man in den Osttiroler Tälern noch recht preiswert logiert. Auch in den klassischen Wintersportorten kann man im Sommer teils sehr günstig und luxuriös wohnen. Ein neuer, mittlerweile weit verbreiteter Trend sind Chalet- und Hüttenhotels, die Komfort mit alpinem Lifestyle und viel Ruhe und Individualität kombinieren. Eine Auswahl an Quartieren mit Möglichkeit zur Onlinebuchung listet die Webseite der Tirol Werbung www.tirol.at. Ausgewählte Unterkunftsvorschläge findet man in diesem Band am Ende jedes Kapitels (S. 36, 52, 70, 84, 106, 123).

Ferienwohnungen und Almhütten

Das Angebot an Ferienwohnungen ist in Tirol in den letzten Jahren deutlich angewachsen. Das liegt vor allem an den besseren Vermarktungsmöglichkeiten über Internetportale wie Airbnb (www.airbnb.com) oder Wimdu (www.wimdu.de). Besonders gefragt sind Almhütten, viele sind allerdings fest vermietet. Angebote findet man auf Portalen wie www.huetten.com, www.huettenland.com, www.urlaubaufderalm.com oder www.almliesl.com.

Berghütten

Der Österreichische (www.alpenverein.at) und der Deutsche Alpenverein (www.dav.de) betreiben viele Berghütten, in denen auch Nicht-Mitglieder übernachten können. Zur Verfügung stehen Zwei- und Mehrbettzimmer sowie Matratzenlager, Erstere sollten in der Saison reserviert werden. Die sanitären Anlagen beschränken sich meist auf Gemeinschafts-WCs und Münzduschen. Dafür ist das Essen lecker.

Camping

Rund 90 Campingplätze gibt es in Tirol, fast immer schön gelegen und naturnah. Das Spektrum reicht von einfachen kleinen Plätzen zu komfortablen Anlagen mit Kinderanimation, Wellness und Sportmöglichkeiten. Glamping liegt im Trend – entsprechende Anbieter sind Camping Aufenfels bei Aschau im Zillertal, das Ferienresort Natterer See bei Innsbruck oder Schlossberg Camping in Itter. Mehr Auswahl und zusätzliche Infos bieten der **ADAC Campingführer** und der **ADAC Stellplatzführer** (www.adac.de/campingfuehrer). Die Inhalte gibt es auch als App für iPhone und Android.

Verkehrsmittel im Land

Bergbahnen

Mit modernen Seilbahnen und Liften gelangt man im Winter schnell zu den Pisten, im Sommer zu den Startpunkten von Mountainbiketouren und Wanderungen. In der Nähe der Bergstationen befinden sich häufig Erlebnisparks für Kinder.

Bus und Bahn

Das Netz an öffentlichen Nahverkehrsmitteln ist in Tirol sehr gut ausgebaut. Der regionale öffentliche Verkehr wird vom Verkehrsverbund Tirol VVT (www.vvt.at) koordiniert. Für den regionalen Busverkehr sind die **VVT Regiobusse** zuständig. Das Überland-Busnetz liegt in Händen der **ÖBB-Postbusse** (www.postbus.at), einer Tochtergesellschaft der Österreichischen Bundesbahnen ÖBB. In vielen Touristenorten verkehren im Winter Ski-, im Sommer Wanderbusse. Eine sinnvolle Ergänzung im Regionalverkehr sind die **Anrufsammeltaxis AST.** Wer sie benutzen möchte, sucht sich im Fahrplan, den es auch als VVT SmartRide App gibt, eine Fahrzeit aus und reserviert mindestens 60 Min. vorher beim Taxiunternehmen die Mitfahrt ab der AST-Sammelstelle. Für weitere Strecken gibt es die **VVT S-Bahn,** die mit sechs Linien in Tirol unterwegs ist und mindestens stündlich alle Haltestellen bedient. Zusätzlich verkehrt der **Regionalexpress (REX)** im 60-Min.-Takt. Er befördert Fahrgäste schneller als die S-Bahn zu zentralen Verkehrsknotenpunkten in Tirol. Mit den S-Bahnen und REX-Linien ergeben sich auf den besonders frequentierten Strecken gute Verbindungen: im 15-Min.-Takt zwischen Hall und Innsbruck, im 30-Min.-Takt zwischen Telfs und Jenbach, Hall und Steinach am Brenner sowie Wörgl und Hochfilzen.

Mietwagen

Für Mitglieder bietet die **ADAC Autovermietung** günstige Konditionen an. Buchungen über www.adac.de/autovermietung, die Geschäftsstellen oder unter Tel. 089/76762099. Internationale Verleiher wie Avis, Hertz und Europcar unterhalten am Innsbrucker Flughafen und in größeren Städten Niederlasssungen.

Zollbestimmungen

Gegenstände für den persönlichen Gebrauch dürfen innerhalb der EU abgabenfrei eingeführt werden. Für Privatreisende über 17 Jahren gelten folgende **Richtmengen:** 800 Zigaretten, 400 Zigarillos, 200 Zigarren, 10 l Spirituosen, 20 l Zwischenerzeugnisse bis 22 Prozent Alkohol, 60 l Schaumwein, 90 l Wein, 110 l Bier und 10 kg Kaffee. Bei Devisen über 10 000 € besteht eine Deklarationspflicht.

Für Reisende aus Drittländern wie der Schweiz gilt: 200 Zigaretten, 100 Zigarillos, 50 Zigarren, 1 l Spirituosen, 2 l Zwischenerzeugnisse, 4 l Wein, 6 l Bier, 500 g Kaffee, 100 g Tee und sonstige Waren bis zu einem Wert von 430 €. Details unter www.bmf.gv.at/zoll.

Die Geschichte Tirols

Um 3300 v. Chr. Ötzi stirbt am Tisenjoch in den Ötztaler Alpen.

Ca. 45 n. Chr. Ausbau des römischen Straßennetzes in Tirol

Ca. 250 n.Chr. Aguntum wird als einzige römische Siedlung auf dem Gebiet des heutigen Tirol gegründet.

550–600 Die Bajuwaren dringen ins Inntal und über den Brenner bis in die Region um das heutige Bozen vor.

7. und 8. Jh. Siedlungstätigkeit der Bajuwaren und Missionierung

12/13. Jh. Die Grafen von Tirol dehnen ihren Machtbereich aus und schaffen ein unabhängiges Herrschaftsgebiet.

1253 Nach deren Aussterben beerben die Grafen von Görz die Grafen von Tirol.

1363–1369 Aus den Kriegen zwischen Bayern und Habsburgern um Tirol gehen Letztere als Sieger hervor.

1420 Innsbruck wird Residenzstadt

1490 Maximilian I. wird Landesfürst, später König und ab 1508 deutscher Kaiser.

1740–1780 Maria Theresia setzt umfangreiche Reformen durch und lässt die Residenzstadt Innsbruck im Stil der Zeit umgestalten.

1805 Österreich muss im Frieden von Pressburg Tirol und Vorarlberg den Bayern überlassen.

1809 Kampf der Tiroler unter Andreas Hofer gegen Frankreich und Bayern, Schlachten am Bergisel

1810 Andreas Hofer wird in Mantua hingerichtet. Napoleon teilt Tirol zwischen Bayern, dem Königreich Italien und den sog. Illyrischen Provinzen Frankreichs auf.

1815 Napoleons Herrschaft endet, auf dem Wiener Kongress wird Tirol wieder zusammengefügt.

1848 Kaiser Ferdinand I. flüchtet vor der Revolution in Wien nach Innsbruck.

1915 Italien erklärt Österreich den Krieg.

1919 Südtirol wird Italien zugeschlagen. Osttirol bleibt bei Österreich, wird aber vom Rest des Landes geografisch abgetrennt.

1938 Die deutsche Wehrmacht marschiert in Österreich ein. Der Gau Tirol Vorarlberg wird gebildet, Osttirol wird Teil des Gaus Kärnten.

1945 Die alliierten Streitkräfte marschieren in Tirol ein.

1947 Osttirol wird wieder mit Tirol vereinigt.

1995 Beitritt Österreichs zur EU

1998 Mit dem Schengen-Abkommen entfallen die Grenzkontrollen zwischen Österreich, Italien und Deutschland.

2017 Der im Kaunertal aufgewachsene ehem. Grünen-Politiker Alexander Van der Bellen wird Bundespräsident.

2018 Im zweiten Halbjahr übernimmt Österreich die EU-Präsidenschaft.

An der großen Monarchin Maria Theresia kommt auch in Tirol niemand vorbei

tiroler
landes
museen

DAS TIROL PANORAMA
DER BERGISEL
UND DAS
KAISERJÄGERMUSEUM

Alle Blickpunkt-Themen in diesem Band:

Register

Bildnachweis
Titel: Hanauer Hütte mit Plattigspitzen im Hintergrund
Foto: **Look** (Andreas Strauß)

Aguntum: 10.2, 109.3; **Alpinarium Galtür:** Günther Wett 102; **Aqua Dome, Längenfeld:** 90; **arlberg 1800, St. Christoph:** Petra Rainer 105; **Boutique Hotel Träumerei #8, Kufstein:** 71; **ErlebnisSennerei Zillertal, Mayrhofen:** 39.3, 47; **Ferienparadies Natterer See, Natters:** 37; **Getty Images:** ra-photos 44, Emya Photography 110/111, Hulton Archive 136; **Huber Images:** Reinhard Schmid 7, Rudolph Leimer 8/9, Eisele-Hein 59, Bernhart Udo 87.2; **Ice Q, Sölden:** Rudi Wyhlida 12.1, 88; **Imster Bergbahnen:** 11.3, 93; **Look:** Wolfgang Ehn 5.2, Markus Greber 6.2, Andreas Strauß 9, 96, Rainer Mirau 28, 55.3; **mauritius images:** Uwe Umstätter/Westend61 5.1, Reinhard Hölzl/imagebroker 12.3, 109.2, 115, Katja Kreder 14/15, Martin Siepmann/imagebroker 18/19, 27, 100/101, Umschlagklappe, Walter Bibikow 25, Art Collection/Alamy 26, Rene Mattes 30, Daniel Gerd Poelsler/imagebroker 34, Wolfgang Weihhäupl/imagebroker 49, 51, ClickAlps 109.1; **picture alliance:** Robert Mühlanger 39.2, EXPA/picturedesk.com 119; **Seasons Agency:** Robert Fischer/Jalag 39.1, Gerold Jung/Jalag 117; **Shutterstock.com:** LianeM 2.2, nneiole 11.1, Herbert Kratky 11.2, sasimoto 12.2, JJFarq 13.1, trabantos 17, Oleg Lopatkin 41, Manfred Ruckszio 62, nullplus 73.4, 80, anitasstudio 75; Ulrich Willmunder 13.2, 120; **Sollererwirt, Thierbach:** 56; **Spiele- und Buchhotel Tschitscher, Nikolsdorf:** Dieter Mayr-Hassler 123; **stock.adobe.com:** auergraphics 2.1, 65, outdoorpixel 4/5; Herby (Herbert) Me 6.1, 55.4, 60, FormaA 6.3, Thilo Zimmermann 10.1, ARC Photography 13.3, 55.1, J. Ossorio Castillo 20, Markus Plank 55.2, Frank 66/67, topics 73.1, fotobeam.de 73.2, 76, ado1979 73.3, 79, VRD 87.1, Fotolyse 87.3, 89, pemops 87.4, LianeM 99, lavizzara 109.4, marcohoffmann 121, Bergfee 122, benicoma 130, Anibal Trejo 144; **TVB Paznaun – Ischgl:** 103; **TVB Pitztal:** Benedikt Falbesoner 94

Herausgeber: GRÄFE UND UNZER VERLAG GmbH, Postfach 86 03 66, 81630 München
Leitender Redakteur: Benjamin Happel
Autor: Georg Weindl
Verlagsredaktion: Gernot Schnedlitz, Katja Tegler (verantw.), Nora Köpp, Nadia Turszynski
Lektorat: Anja Lehner
Bildredaktion: Heide Christiansen
Schlusskorrektur: Ulla Thomsen
Satz: uteweber-grafikdesign
Reihengestaltung: Eva Stadler
Kartografie: Kunth Verlag GmbH & Co. KG, München
Herstellung: Mendy Willerich
Druck: Drukarnia Dimograf Sp z o.o. (Polen)

Ansprechpartner für den Anzeigenverkauf:
KV Kommunalverlag GmbH & Co. KG, MediaCenter München, Tel. 089/928 09 60

GRÄFE UND UNZER

Ein Unternehmen der
GANSKE VERLAGSGRUPPE

ISBN 978-3-95689-477-0
1. Auflage 2018

LESERSERVICE
adac@graefe-und-unzer.de
Tel. 00800/72 37 33 33 (gebührenfrei in D, A, CH)
Mo–Do 9–17 Uhr, Fr 9–16 Uhr

Unterwegs in Tirol

Bequem auf den Gipfel

Die Tiroler Bergbahnen transportieren nicht nur Skifahrer, sie bringen auch im Sommer Wanderer zum Gipfel oder Urlauber, die einfach nur die Aussicht genießen möchten. Besonders spektakulär ist der Blick von der Zugspitze, vom Top of Tyrol im Stubaital oder vom Café 3440 am Pitztaler Gletscher.

■ Details auf S. 32, 76, 94

Umwelt schützen, Wanderbus benützen

In vielen Tiroler Tälern verkehren im Sommer Wanderbusse – sie schonen die Umwelt und ersparen Höhenmeter dort, wo es keine Seilbahnen gibt. Häufig ist ihre Benutzung sehr günstig oder in den regionalen Gästekarten inbegriffen. Bei Wandertaxis handelt es sich um einen von privaten Anbietern zu Fixpreisen angebotenen Zubringerservice.

■ Infos bei den Verkehrsämtern

Eisenbahnnostalgie

Die Liebe zu alten Eisenbahnen rostet nicht. In Tirol können Schmalspurbahnfans mit der Achensee-Dampf-Zahnradbahn von Jenbach zum Achensee hinaufschnaufen, ihre Lokomotiven zählen zu den ältesten in Dienst stehenden der Welt. Die Zillertalbahn passiert auf ihrer 32 km langen Strecke von Jenbach nach Mayrhofen 35 Brücken.

■ Details auf S. 43, 44

Über einen Alpenfjord schippern

Tirol besitzt nicht nur Berge, sondern auch zahlreiche Seen – mit dem Schiff erkunden kann man den Achensee, den Plansee und den Heiterwanger See bei Reutte. Dabei bieten sich Landschaftsbilder, die an Norwegen erinnern. Zusätzlich werden kulinarische Highlights, auf dem Achensee auch Kabarett und Theater geboten.

■ Details auf S. 43, 78